Les NDE

Expériences de mort imminente

Dans la même collection

Les Rêves prémonitoires
Louis Benhedi, Pierre Macias

Fantômes et apparitions
Louis Benhedi, Pierre Macias

Maisons hantées et poltergeists
Louis Benhedi, Joachim Soulières

Les Animaux et le paranormal
Louis Benhedi, Pierre Macias

La Voyance
Joachim Soulières

À paraître

Les Enfants et le paranormal
Joachim Soulières

22, rue Huyghens – 75014 Paris

ISBN : 978-2-84454-532-9

e-mail : contact@dervy.fr

Louis Benhedi & Jocelin Morisson

Les NDE

Expériences de mort imminente

Préface de Maud Kristen

Éditions Dervy
204, boulevard Raspail
75014 Paris

PRÉFACE

C'est avec grand plaisir que j'accepte aujourd'hui de préfacer le premier livre de la collection « Aventuriers de l'étrange » qui aura pour mission d'informer avec sérieux sur tous les sujets qui « fâchent » : ceux dont l'autorité scientifique en France ne veut pas entendre parler, refusant tout simplement de les considérer comme des objets d'études…

Louis Benhedi, explorateur infatigable, s'obstine depuis une quinzaine d'année (et régulièrement sur Sud Radio depuis 2006) à informer un public de passionnés de l'étrange sans jamais se départir de son esprit critique, aidé parfois par Pierre Macias dans cette tâche difficile.

Cette collection sera l'aboutissement de son travail d'enquêteur et je lui souhaite le succès qu'elle mérite.

J'ai lu d'une seule traite ce premier livre consacré aux expériences de mort imminente et de sorties hors du corps. J'y ai découvert une sélection de récits nouveaux, précis et crédibles : Oui, des hommes et des femmes – (dont les témoignages semblent se multiplier à l'aube du troisième millénaire) découvrent qu'ils peuvent entendre sans leurs oreilles et voir sans leurs yeux...

Frôlant parfois – mais pas toujours – la mort clinique, ils partent pour un drôle de voyage pendant lequel ils se déplacent dans une nouvelle dimension, pénètrent dans des mondes surnaturels ou croisent des proches décédés. Hallucinations ? Simple cauchemar ? Non : au réveil, ils sont capables de décrire précisément ce qu'il leur est arrivé dans leur coma profond. Mais la rencontre d'un monde de lumière, d'amour, d'unité, de joie profonde fait elle aussi partie du voyage et elle modifiera pour toujours leur échelle de valeur...

Enrichis, mais différents, ils devront réapprendre à vivre au milieu d'un entourage pas toujours prêt à accueillir leur expérience.

Bien avant de me savoir « voyante » et sans aucune cause extérieure répertoriée, j'ai connu à l'âge de 14 ans un état modifié de conscience qui bouleversa à tout jamais mon système de valeur : En montant dans un bus (comme chaque jour pour aller à l'école) j'ai soudain été envahie par un immense sentiment de paix et d'amour pour chaque personne qui se trouvait là. La lumière me sembla devenir dorée alors que chaque seconde écoulée me procurait un bonheur parfait. Je me souviens avoir pensé intérieurement « c'est la seule réalité » ou « tout est à sa place ». J'avais l'impression d'être aimée inconditionnellement par une énergie d'amour qui m'enveloppait, se tenant à la fois en moi et près de moi, comme un guide. Elle me montrait que je pouvais rentrer en empathie avec tous. En sa présence, le temps paraissait tout simplement stoppé ou suspendu. Je lisais les pensées qui se cachaient derrière chaque visage et je perdais peu à peu conscience de mon individualité, soudain capable de me fondre en chaque chose et en chaque être. Ma joie – totale – n'avait rien à voir avec les plaisirs ou les bonheurs que j'avais pu rencontrer jusqu'alors : je découvrais un état de non-dualité.

Bien des années plus tard, en lisant des textes sacrés, je compris que je partageais avec d'autres cette expérience de brève illumination. Mais l'intérêt que je porte aux NDE et aux OBE n'est pas sans rapport avec cette aventure, qui bouleversa profondément ma sensibilité d'adolescente. Je découvris ce jour-là qu'un « ailleurs » existait avec lequel il était possible de communiquer. Un autre niveau de conscience, bien supérieur au nôtre, semblait disposé à nous enseigner des règles et des priorités très différentes de celles que mes éducateurs essayaient de m'inculquer. Cette étrange initiation n'a pas duré plus d'un quart d'heure ou de vingt minutes…

Trente années ont passé, mais je n'ai fait que tenter de conserver vivante en moi, le plus souvent possible, la leçon de cette fantastique expérience.

Puissent ces autres témoignages et les recherches présentées par Jocelin Morisson vous captiver comme ils m'ont captivé…

Maud Kristen

AVANT-PROPOS

Cela fait plus de dix ans que j'anime sur Sud Radio des émissions consacrées aux phénomènes paranormaux. Si je devais choisir le dossier qui me fascine le plus, ce serait sans nul doute celui des EMI « expériences de mort imminente » ou encore NDE en anglais) et des « sorties hors du corps » (ou OBE en anglais). Il s'agit de phénomènes qui nous posent des questions essentielles et universelles.

Des milliers d'hommes et de femmes sont morts durant quelques secondes et sont revenus. Ces étranges voyageurs, bien malgré eux, nous ont rapporté des témoignages qui obligent l'observateur ouvert à prendre en compte plusieurs éléments :

Quelle que soit leurs religions, leurs situations sociales, leurs cultures, leurs âges ou leurs pays, leurs récits ont tous des points communs. La sensation de quitter son corps, parfois même de le voir de l'extérieur.

Ils parlent d'un tunnel dans lequel ils sont entrés, d'une lumière faite d'amour et de compassion. Ils parlent de bien-être et de plénitude, parfois ils revoient leur vie. Et surtout, ils changent de vie. Leur échelle des valeurs se transforme pour aller vers l'autre et s'éloigner des biens matériels. Ils ne deviennent pas des saints, mais ils acquièrent le sens de l'écoute et du partage.

L'étude des EMI et des OBE conduit à se poser « La » question :

Qu'est-ce qu'il y a après la mort ?

Ce livre n'a pas la prétention d'être une étude scientifique et encore moins d'apporter des réponses. Il a simplement pour but de faire connaître, le plus clairement possible, l'enjeu que représente l'étude de ses phénomènes.

Les témoignages que j'ai recueillis lors de mes émissions sont émouvants, surprenants ou parfois drôles. Ces hommes et ses femmes qui ont eu le courage de se confier à l'antenne peuvent être traités de menteur, mais alors, que dire des milliers d'autres qui ont vécu les mêmes choses ?

Jocelin Morisson, journaliste scientifique, s'est attaché à présenter les recherches dans ce domaine.

Les découvertes ne sont pas pour demain, peut-être pour après-demain, à condition de donner aux scientifiques les moyens nécessaires…

TÉMOIGNAGES

GILBERT

« C'EST POUR UN TÉMOIGNAGE... »

Gilbert est mécanicien. Il possède son propre garage depuis quelques années dans une ville proche d'Orléans. Jovial et bon commerçant, il faut être devin pour s'apercevoir qu'il porte une blessure vieille de vingt-sept ans. Ce père de deux filles âgées de 10 et 12 ans m'a appelé un soir où l'émission était consacrée aux témoignages de ceux et celles qui vivent ou pensent avoir vécu un phénomène paranormal.

Deux spécialistes m'accompagnent afin de répondre aux questions qui ne manquent pas lorsqu'un flash de voyance, un rêve prémonitoire ou une sortie hors du corps fait irruption dans une vie « normale ».

Le témoignage de Gilbert est représentatif du manque criant d'assistance du personnel soignant aux personnes ayant vécu une sortie hors du corps ou une expérience de mort imminente.

Sous prétexte que des « pontes » de la science « officielle » ont catalogué ces phénomènes dans le dossier « circulez ! Il n'y a rien à voir », des hommes et des femmes étaient condamnés à se demander, parfois durant des années, s'ils n'étaient pas fous et à garder le silence sur ce qu'ils avaient vécu. C'est le cas de Gilbert.

« C'était il y a vingt-trois ans, le 15 août 1985. Ce jour-là, il faisait très chaud et avec mon frère nous avons décidé d'aller faire une balade en vélos dans la campagne environnante.

Au détour d'un sentier de forêt nous avons découvert un étang qui semblait, à première vue, tout à fait normal.

Étant plus téméraire que mon jeune frère, je me suis aussitôt déshabillé pour plonger dans l'eau fraîche. Je n'ai pas tardé à me sentir mal. Au bout de trois brasses, j'ai ressenti des frissons sur tout le corps. Des gouttes de sueurs commençaient à perler sur mon front, ma vue se brouillait et des vertiges m'empêchaient de tenir debout. Heureusement, j'avais pied et j'ai réussi à regagner la berge avant de tomber dans les bras de mon frère.

Les pompiers ont dit à mon père que j'avais 41,8 °C au moment où ils m'ont pris en charge au bord de l'étang. Cette eau était saturée par un produit extrêmement toxique et la réaction fut immédiate. Je suis tombé dans le coma pour n'en ressortir qu'un mois plus tard.

Les quelques souvenirs que je garde avant de sombrer dans le coma sont assez flous. Je revois mon frère sur la berge. Il m'allonge contre un arbre et part en vélos alerter mes parents. Je me souviens également des terribles frissons, cette sensation de froid puis le visage d'un ou deux pompiers puis plus rien.

Lorsque, à nouveau, j'ai ouvert les yeux, j'ai vu un malade allongé devant moi dans un lit d'hôpital. Il était branché à toutes une série d'appareils qui bipaient, des tuyaux de perfusions sortaient de dessous les draps… J'avais la sensation qu'il y en avait partout. Il m'a fallu quelques secondes pour que je m'aperçoive qu'il s'agissait de moi !

Debout au pied du lit, je m'observais allongé, inconscient et relié à toute une batterie d'engins auxquels je ne comprenais strictement rien.

Une infirmière, blonde et jolie, est entrée dans ma chambre pour vérifier les appareils. Elle m'a regardé quelques instants, elle m'a dit quelque chose que je n'ai pas compris puis elle est ressortie. Il s'agissait de Sylvie, j'ai entendu son prénom à plusieurs reprises lors des jours suivants. J'ai ainsi vu tout ce qui se passait autour de moi mais sans aucune notion du temps. J'ai l'impression d'être toujours resté au pied de mon lit, je ne me suis pas déplacé ou je n'ai pas pu, je ne sais pas. Mais une chose est sûre, lorsque je suis sorti du coma, je connaissais les prénoms de toutes les infirmières qui se sont occupées de moi. Toutes me disaient des mots gentils, elles me disaient bonjour en entrant dans ma chambre, elles me parlaient du temps, me disaient que j'allais m'en sortir. Enfin elles s'adressaient à mon corps sans se douter que je voyais et entendais tout.

Leur dévouement est remarquable. Je tiens à le signaler, ces femmes sont exemplaires et font un travail admirable. »

Il est maintenant largement admis dans le milieu médical, et spécifiquement dans les services de réanimation, qu'il faut parler aux patients dans le coma. Le personnel médical est-il formé ou simplement informé de la possibilité de ce genre de cas ? Jusqu'à présent la réponse est non. Heureusement des initiatives sont en train de voir le jour, notamment à l'hôpital de la Timone à Marseille. À la suite du colloque de Martigues, une étude va y être conduite par le psychologue Éric Dudoit.

Nous allons découvrir dans la suite du témoignage de Gilbert, la souffrance d'un homme qui s'est tu durant vingt-cinq ans de peur de passer pour un fou.

« Mes parents venaient tous les jours. Ils entraient à tour de rôle et s'asseyaient invariablement du même côté du lit, à gauche, sur la seule chaise de la chambre. Ces moments étaient éprouvants pour eux car ma mère pleurait fréquemment en me tenant la main. Elle me parlait, me donnait des nouvelles de mon frère des membres de ma famille.

Un jour, elle m'a même annoncé que ma petite amie s'était consolée avec un autre ! Mon père était moins bavard, moins enclin à montrer ses sentiments mais je le sentais très abattu.

À plusieurs reprises j'ai tenté de leur parler ou de les toucher mais sans succès. Mes paroles ne résonnaient pas, ne produisaient pas de son. Mes mains ne touchaient rien, elles passaient à travers les rares objets qui étaient à portée.

Durant tout ce temps, que je suis incapable de mesurer, je me sentais très calme. Je n'avais aucune angoisse quant à l'issue de cette histoire, une issue qui aurait pu être fatale. Je ne me souciais même pas de ma santé. En fait, je n'avais aucune préoccupation.

Un jour cependant, il m'est arrivé quelque chose de différent. Comme d'habitude, si j'ose dire, j'étais au pied du lit à observer le va-et-vient des infirmières et des docteurs autour de mon corps, lorsque je me suis senti aspiré vers le haut.

Sans aucune transition, j'étais face à face avec une lumière très forte, comme si j'avais un projecteur braqué en pleine figure. Sauf que cette lumière ne m'éblouissait pas, je pouvais la fixer des yeux sans être gêné.

Cela ressemblait à une lumière, mais ce n'en était pas une. Je veux dire, c'était vivant. Je ne peux pas vous expliquer pourquoi, mais je l'ai senti. Cette chose était immense, elle me dépassait totalement. En un instant j'ai vu une partie de mon avenir. Cela s'est imposé à moi, comme si je l'avais toujours su. C'était une certitude. J'allais avoir une femme et deux filles. À partir de cet instant, ma vie se déroulerait sans problème.

Je sais, cela paraît absurde, mais c'est ce que j'ai vécu, je m'en souviens comme si c'était hier. Pourtant cet événement s'est déroulé il y a vingt-sept ans.

En sortant de mon coma, j'avais cette certitude quant à mon avenir chevillé au corps, il ne pouvait pas en être autrement. »

Gilbert a-t-il réellement vu son avenir ou est-ce un jeu de son inconscient et de son désir profond ? En tous les cas, une fois de plus, la lumière est présente avec son cortège d'adjectifs qui semblent bien pauvres pour retranscrire les sensations de ceux et celles qui l'ont rencontrée.

Les souvenirs de cette expérience de mort imminente sont revenus à la surface de sa mémoire une fois qu'il fut sorti du coma. Il appela toutes les infirmières par leurs prénoms. Toutes furent surprises qu'il connaisse leurs habitudes, leurs phrases de réconfort, leurs expressions.

« C'est comme si vous aviez tout vu ! » a même lancé Sylvie. Il dit à sa mère de ne pas s'inquiéter pour le départ de sa petite amie, avant même qu'elle évoque le sujet.

Finalement, Gilbert s'en ouvre à son père. Il lui raconte ce qu'il a vu… Qu'il était debout au pied de son lit, la lumière, ses tentatives de toucher ses parents, de leur parler… Mais son père coupe court à cette confession.

« Ce sont des conneries tout ça ! Tu as rêvé, tu ferais mieux de te concentrer sur ta guérison ».

Le couperet était tombé. Gilbert n'en parlera plus durant vingt-sept ans, pas même à sa femme ou à ses filles, ni même à un médecin.

Il gardera le poids de cette expérience au fond de lui pendant toutes ses années. Il ne se passera pas une semaine sans que certaines images lui reviennent en esprit mais il les chassera aussitôt.

Un soir, alors qu'il bricolait dans l'atelier de son frère, dans le Sud-Ouest, une émission de radio attire son attention, un témoignage surtout.

Il s'agissait d'une dame qui avait vécu une chose bizarre suite à un accident de voiture. Il écoute et enfin il comprend que ce qu'il a vécu, d'autres l'ont vécu. Un voile vieux de vingt-sept ans se désagrège soudain.

Un flot d'images et de sensations remonte à la surface. Il n'est pas fou ! Le lendemain soir, installé dans la voiture garée dans le garage, il compose un numéro de téléphone. Il a décidé de tout raconter, de tout dire pour se libérer une bonne fois pour toutes. Il a dit à sa femme d'écouter la radio, ce soir, entre vingt-deux heures et minuit.

À l'autre bout du fil, une voix :

– « Sud Radio bonsoir… »

– « Bonsoir, répond Gilbert, pour témoignage… »

RÉMY

LA MAIN

Rémy a vécu une étrange expérience de mort imminente. Tous les attributs du phénomène sont présents dans ce vécu avec toutefois un élément inédit à la fin de son aventure.

« Je dois la vie à quelque chose de totalement inexplicable. Cela s'est déroulé dans mon pays natal l'Ardèche. Lorsque j'étais petit, pendant les vacances d'été, j'avais l'habitude d'aller me baigner avec le petit voisin et quelques amis de mon âge, dans la rivière qui bordait les terres de mon grand-père.

Un après-midi, avec les parents de mon voisin, nous sommes tous allés nous rafraîchir. Nous étions trois garçons et une fille. J'étais alors âgé de 10 ans. Nous étions confiés à la surveillance des parents de mon ami qui étaient restés à l'ombre sur la berge, pendant que nous faisions les andouilles dans l'eau.

Il faut que vous sachiez que je ne savais pas nager ! J'en avais tellement honte, face à mes petits camarades et surtout vis-à-vis de la fille qui était avec nous, que je n'en avais jamais parlé. Je faisais semblant. Je restais prudemment les pieds bien posés sur le fond.

À un moment de l'après-midi, j'ai décidé de m'éloigner du groupe d'enfants et de faire semblant de nager tranquillement. Ce fut une très mauvaise idée.

Les rivières peuvent être traîtres, surtout celles qui se transforment en petit torrent en automne ou au printemps. J'imitais la brasse à la perfection, marchant sur le fond de la rivière, lorsque le sol s'est dérobé sous mes pieds. Je suis tombé, aspiré dans un trou d'eau.

Je suis incapable de vous dire à quelle profondeur je me suis enfoncé sous la surface de l'eau, mais cela me semblait immense. J'ai relevé la tête pour apercevoir la surface et je n'ai vu qu'une tache de lumière, loin au-dessus de moi, inaccessible.

La panique m'a totalement envahi, je n'étais plus qu'un paquet de peur. J'avais beau me débattre, pousser des pieds pour remonter vers l'air, rien ! Je restais cloué, aspiré par le fond. Au bout de ce que j'imagine maintenant être quelques secondes, mais qui pour moi paraissaient une éternité, j'ai dû me résoudre à ouvrir la bouche pour aspirer. Mes poumons me brûlaient, j'étais sur le point d'exploser. Je savais ce que cela signifiait : j'allais mourir. Je n'avais plus le choix.

Il s'est passé quelque chose d'extraordinaire à ce moment précis, peut-être est-ce un effet de mon cerveau, mais je me suis senti apaisé. Plus de peur, plus de panique, rien que le silence avec l'étrange sensation que je pouvais respirer sous l'eau ! Je sais, cela paraît totalement fou, mais c'est ce que j'ai ressenti. J'ai vu également des séquences de ma vie défiler devant mes yeux. Cela ressemblait à des petits films. J'y étais acteur et témoin en même temps. J'ai revécu toutes les émotions de ses bribes de vie de mon enfance. Puis, la couleur autour de moi a changé. Tout est passé du vert sombre au bleu clair. Cette couleur tremblotait tout autour de moi comme une immense tenture ou un voile. J'ai aperçu ensuite une lueur blanche au loin, droit devant moi. J'ai tendu la main vers elle, avec une irrépressible envie de la toucher ou de la rejoindre. Toute mon attention était tournée vers cette lueur.

Je n'ai pas eu le temps de voir quoi que ce soit d'autre car j'ai senti une main vigoureuse m'attraper le poignet gauche et me tirer avec une puissance inouïe vers le haut. Je me suis retrouvé en plein soleil, à la surface. J'ai aspiré l'air et craché de l'eau en même temps. Jamais je n'ai ressenti un tel plaisir à aspirer une seule bouffée d'air.

Tout en essayant de reprendre mes esprits, je cherchais autour de moi le propriétaire de la main qui m'avait sauvé la vie. Personne ! Les parents du petit voisin étaient toujours à la même place, à l'ombre, un peu plus loin sur la berge. Mes amis jouaient dans la rivière à une dizaine de mètres de moi. Rien n'avait bougé. En fait, tout cela n'a pas dû durer longtemps. Même si j'avais eu la sensation que cela avait duré plusieurs minutes, cela n'avait, vraisemblablement, pas dépassé une ou deux minutes.

Bref, il n'y avait personne autour de moi. Pas un adulte à l'horizon. À qui appartenait la main qui m'avait sauvé la vie ? C'est avec cette question en tête que je me suis traîné sur la berge. De peur de me faire engueuler, je n'ai rien dit. En revanche, je ne me suis plus baigné de l'après-midi. »

Rémy n'en a jamais parlé à ses parents. C'est en écoutant des témoignages dans mon émission qu'il a compris qu'il n'était pas le seul à avoir vécu une expérience de mort imminente.

Cette sensation de paix, cette couleur bleue tout autour de lui, la lumière tout au fond, cette envie irrépressible de la rejoindre, sont autant d'indices qui permettent de classer son cas dans le dossier des EMI.

Il existe plusieurs degrés dans ces expériences, celle de Rémy est certes un cran en dessous de certains témoignages relatés dans ce livre, mais il fait partie de la même famille.

Il reste cependant cette main étrange qui l'a sorti de l'eau avec « une puissance inouïe ». Est-ce un effet de son imagination ? Un réflexe de survie animal, enfoui au plus profond de chacun de nous et qui ne s'éveille qu'en cas d'extrême danger ? Nous savons que le cerveau peut donner l'impression du contact d'une main sans que cette dernière existe réellement.

MIREILLE

RÉUNION DE FAMILLE DANS L'AU-DELÀ

Mère de famille de deux enfants, Mireille vit près de Royan, pas très loin de l'océan Atlantique.

Comme toutes les mères au foyer, il lui faut quatre bras deux têtes et une bonne condition physique pour tenir son petit monde en ordre de marche ou du moins avec le moins de pagaille possible.

Un matin, alors que les enfants étaient à l'école, Mireille se sent plus fatiguée que d'habitude. Mais elle n'est pas du genre à « s'écouter ». Pensant que ce n'était qu'un malaise passager, elle continue à vaquer aux tâches ménagères. En haut des escaliers menant aux chambres, un immense froid l'envahit, ses jambes se dérobent, elle bascule dans le vide.

« Je me suis réveillée dans une immense pièce blanche. Tout était blanc, le sol, les murs, le plafond.

J'ai tout de suite compris que je me trouvais dans un hôpital car à mes côtés se tenait un docteur en blouse blanche. Il me regardait en souriant mais sans prononcer un mot.

J'étais moi-même debout, mais mes pieds ne touchaient pas terre. J'avais la sensation de flotter à quelques centimètres au-dessus du sol. Évidemment j'ai tout de suite compris qu'il se passait quelque chose d'anormal et que cette chambre n'était pas une chambre d'hôpital.

Tout était calme, paisible, moi-même je me sentais extrêmement bien. Je n'étais pas étonnée de cette situation pour le moins incongrue, comme si tout cela allait de soi.

Je ne me souviens pas avoir vu mon corps, mais je me souviens très bien de cette sensation de flotter, d'être légère.

Puis, sans les avoir vus arriver, tout un groupe de personnes s'est rassemblé autour de moi. Mes parents étaient là, mes deux grands-parents pour qui j'avais une profonde affection étaient présents également. Une amie que j'aimais beaucoup et qui était décédé dans un accident de voiture cinq ans plutôt était à mes côtés. J'ai retrouvé tous les défunts que j'aimais, ils étaient tous là autour de moi.

Tous me regardaient en souriant. Cependant je sentais dans leur regard comme une tristesse. Aucune parole ne fut échangée, je sentais au plus profond de moi qu'ils étaient heureux de me revoir, il y avait plein d'amour dans leurs yeux.

Ils étaient tous d'un âge difficile à déterminer. Mes parents m'apparaissaient comme s'ils avaient quarante ou cinquante ans, il en était de même pour mes grands-parents. En tous les cas, ils n'avaient pas du tout l'âge ou l'aspect qu'ils avaient au moment de leur mort. Quant à mon amie disparue, elle était telle que je la connaissais, resplendissante.

Je suis incapable de vous dire comment ils étaient habillés. Leur contour était à la fois flou et précis, en revanche leurs visages et surtout leurs yeux étaient très lumineux. »

La rencontre avec des personnes décédées est un des aspects étonnants des expériences de mort imminentes. Les défunts apparaissent toujours tel qu'ils étaient à la fleur de l'âge. Je serai même tenté de dire, tel que le sujet les garde en mémoire. Ils ont un aspect idéal, trop peut-être.

Leur image semble correspondre à ce que « Nous » voulons qu'elle soit. Est-ce, purement et simplement, un jeu de notre inconscient ? Dans ce cas, les rencontres dans cet ailleurs ne sont que des hallucinations.

Est-ce de vraies rencontres avec des personnes décédées ? Nous n'avons, à ce jour aucune preuve ou élément tangible qui nous permette de pousser plus avant cette hypothèse.

Ou encore s'agit-il d'« entités » venues délivrer un message au sujet qui vit cette EMI, auquel le cerveau doit donner un corps et une image pour le rendre perceptible ? Dans ce contexte, notre inconscient choisirait l'image de personnes défuntes auxquelles nous tenons.

Quoi qu'il en soit, à partir du seuil de la mort, nous n'avons pas de carte routière et encore moins de certitudes.

« Sur ma gauche derrière le docteur, j'apercevais une sorte de couloir encore plus lumineux que la pièce où nous nous trouvions.

Je ressentis une violente envie d'y aller. Je sentais plein d'amour émaner de cette lumière. Je n'avais qu'une envie, y aller et me fondre en elle, la rejoindre. Je ne trouve pas les mots pour vous décrire le sentiment que j'ai éprouvé à cet instant. C'était de l'amour avec un grand « A », un amour d'une puissance incroyable, un amour qui va bien au-delà de tout ce que j'ai pu vivre sur terre, c'était de l'amour pur. C'est indescriptible...

À ce moment précis, j'ai hésité, ou plutôt mes parents, mes grands-parents et mon amie m'ont dit que je n'avais rien à faire ici, que mon heure n'était pas encore venue, que j'avais deux enfants en bas âge qui avaient besoin de leur mère.

Tout cela je l'ai perçu sans l'entendre. Aucun mot ne fut échangé, pourtant je comprenais exactement ce qu'ils me disaient.

Une nouvelle fois mon regard s'est porté sur eux et j'ai compris cette lueur de tristesse dans leurs yeux. Ils m'aimaient, mais je devais repartir.

C'est la dernière image que je garde de cet étrange voyage dans l'au-delà. Car pour moi c'est maintenant une évidence, je suis passée de l'autre côté et j'en suis revenue. »

Après cinq jours de coma, Mireille s'est réveillée à l'hôpital de Royan. En tombant dans les escaliers, sa tête avait heurté une marche.

Dès sa reprise de conscience, elle s'est souvenue de son aller et retour dans l'autre monde. Cet « étrange voyage », pour reprendre ses propres termes, a radicalement changé sa manière de voir la vie.

Ce changement est consécutif à la rencontre avec cette lumière extraordinaire. Il s'agit là du point d'orgue de tous les témoignages d'expérience de mort imminente. Selon tous les témoins, cette lueur est vivante. Elle dispense un amour incroyable, jamais rencontré sur terre. De plus, cette lumière est dotée d'une capacité de compassion sans limites. Comme me l'a confiée une personne qui a vécu une expérience de mort imminente : « Cela ressemble à l'amour d'une mère pour son enfant puissance dix ! Il peut avoir fait toutes les bêtises du monde, elle l'aimera toujours ».

La rencontre avec ce concentré d'amour bouleverse tous ceux qui la vivent. Tous ont du mal à trouver les mots pour décrire leurs émotions ainsi que leur ressenti. D'un point de vue extérieur, je ferai volontiers la comparaison avec l'illumination qu'ont vécue certains saints ou grands mystiques. La description qu'ils font de leur approche de dieu peut être mise en parallèle avec le ressenti des personnes ayant traversé une expérience de mort imminente. Personne ne sort indemne de ce type d'expérience. La vie de Mireille fut profondément changée.

Non seulement son sens des valeurs a été bouleversé, mais elle s'est découvert des capacités paranormales surprenantes.

« Après être sortie de l'hôpital, j'ai mis un an ou deux à me remettre totalement de mon accident, mais il m'a fallu tout ce temps pour digérer ce que j'avais vécu. Cette expérience a complètement chamboulé ma vie. Pour commencer je n'ai absolument plus peur

de la mort. Après la mort c'est cette lumière d'amour qui m'attend. Pour moi c'est une évidence.

Mes priorités ne sont plus les mêmes. L'échelle des valeurs a changé. Ce qui était important avant ne l'a plus été après. J'ai déménagé, changé de métier, bref j'ai transformé toute ma vie en l'espace de deux ans.

Je consacre plus de temps à ceux et celles que j'aime. Je prends vraiment le temps de vivre, le temps de voir grandir mes filles, le temps d'écouter réellement ceux qui m'entourent.

Je suis plus attentive à ce qui se passe autour de moi.

C'est comme si ma sensibilité s'était décuplée. À la suite de mon expérience de mort imminente, je me suis rendu compte que je percevais des choses qui me passaient, avant, au-dessus de la tête.

Il m'arrive, également, de vivre des rêves prémonitoires. Je me souviens très bien du premier. Durant toute une semaine, chaque nuit, je rêvais de la mort d'un jeune garçon dans un accident de voiture. Le matin, je me levais avec une angoisse sourde que je ne réussissais pas à faire disparaître. Une boule au ventre qui ne me quittait pas de la journée. Nous faisions, à ce moment-là, avec mon mari, de la randonnée dans les Pyrénées. Nous avions sympathisé avec un couple de personnes âgées qui suivaient le même itinéraire que nous. Ils nous parlaient de leurs enfants et surtout de leur petit-fils, dont ils étaient très fiers et qui devait venir les rejoindre. Un après-midi, nous avons les avons vu venir vers nous avec un visage décomposé. Une heure auparavant, ils avaient appris que leurs fils, leur belle-fille et leur petit-fils venaient de mourir dans un accident de la route.

Je vis régulièrement des rêves prémonitoires, heureusement moins dramatiques. Ils me préviennent de ce qui va arriver à mon entourage. J'attache énormément d'importance à ses rêves. J'ai appris à les comprendre et surtout à en tenir compte. Ils m'ont évité ainsi qu'à ma famille bien des déboires.

Il m'arrive aussi depuis mon aventure dans l'au-delà de soigner en imposant les mains. Mon but est d'apporter de la douceur autour de moi. »

Le témoignage de Mireille illustre parfaitement le changement qui s'opère chez ceux et celles qui vivent une expérience de mort imminente. Jean Morzelle, qui a vécu une EMI en 1949, s'est tourné vers l'aide aux familles qui vivent un deuil. Lui aussi s'est découvert la capacité de soigner en imposant les mains.

Cette éclosion de facultés paranormales et ce changement radical de vie font partie des constantes de ce phénomène paranormal.

MARC

J'AI RENCONTRÉ UNE ÂME

Marc est un adepte de la relaxation. C'est un exercice qu'il pratique depuis plusieurs années. Il y puise la sérénité, le calme et une force qui l'aide dans la vie de tous les jours.

Marc est paysagiste. Il adore son métier grâce auquel il communie avec dame nature. Il vit avec sa femme dans la région bordelaise où il dessine des jardins sur mesure comme un couturier habille une jolie femme.

Il y a sept ans, il a vécu une expérience tout à fait particulière. Lorsqu'il me l'a raconté un soir, à l'antenne, dans mon émission « Les Aventuriers de l'étrange », toute mon équipe est restée sans voix.

Même Mata, (Mathieu, le réalisateur) d'habitude pas avare de commentaires est resté silencieux.

« Cela s'est passé il y a sept ans. Nous étions fin décembre. Avec ma femme nous rentrions en fin d'après-midi à la maison lorsque le téléphone sonna. L'hôpital prévenait mon épouse que sa cousine qui était en phase terminale d'un cancer du foie vivait ses derniers instants.

Laurence repartit aussitôt rejoindre son autre cousine qui était déjà sur place. Je suis resté seul à la maison, inquiet, ne sachant pas quoi faire, me sentant inutile dans une situation aussi dramatique.

J'ai tourné en rond dans la maison, sans but précis. J'ai essayé de me faire quelque chose à manger, mais le cœur n'y était pas. En début de soirée, j'ai envoyé un « SMS » à ma femme pour avoir quelques nouvelles et tenter de lui remonter le moral dans la mesure du possible.

Finalement, vers vingt et une heures, je me suis décidé à faire une séance de relaxation pour me détendre, bien sûr, mais aussi pour être en pensée avec Laurence et sa cousine. Me mettre en communion avec elles, en quelque sorte.

Je me suis installé dans la pièce que je me suis aménagé à cet effet. Un peu d'encens, une musique douce, quelques exercices de respirations et je me suis allongé pour vivre ce que je croyais être une méditation.

J'ai fermé les yeux et à partir de là tout a commencé. Est-ce que je me suis endormi ? Quoi qu'il en soit, je me suis retrouvé dans la chambre d'hôpital devant ma femme et sa cousine veillant cette autre cousine qui vivait ses derniers instants.

Je me situais en haut dans un angle du plafond. Comme un ballon de baudruche gonflé à l'hélium, je flottais. Je voyais et entendais tout ce qui se passait dans la pièce.

Les machines, tout autour du lit de la malade, ma femme debout au pied du lit, son autre cousine assise dans un coin de la pièce, l'infirmière qui venait de temps en temps pour vérifier l'état de santé de cette pauvre femme. Elle lui faisait des piqûres pour la calmer, je suppose…

Quelque temps après, la future défunte était tellement inondée de sueur qu'ils lui ont changé la chemise.

Bref j'assistais à tout ce qui se passait dans cette chambre.

Finalement, le moment le plus difficile arrive : le décès de la cousine de ma femme. Prévenue aussitôt, l'infirmière vient avec un interne, constater le décès et débrancher les machines.

C'est à ce moment-là que j'ai vécu quelque chose d'absolument inouï. Quelque chose dont je me souviendrai toute ma vie.

Moralement secouées par le drame qu'elles venaient de vivre, ma femme et sa cousine étaient en train de prier.

Laurence récitait un « Notre père » tandis que sa cousine disait un « Je vous salue Marie ».

Au départ j'ai cru que ma vision se brouillait. Le corps de la défunte n'avait plus de contour net. Intrigué par ce flou qui entourait la cousine décédée, je ne l'ai plus quittée des yeux. Très rapidement j'ai compris l'origine de cet aspect flou. Un corps était en train de sortir du corps... Je m'explique.

Un corps éthérique, son âme, je ne sais pas comment le définir, était en train de sortir doucement du corps physique. Lentement, le corps transparent se décalait vers le haut et quittait le corps physique. J'étais en train d'assister à une naissance de l'autre côté ! Une espèce de naissance dans l'au-delà.

Le corps transparent de la cousine défunte, une fois détaché de son corps physique, resté inerte sur le lit, se redresse et se met debout au bord du lit.

Son regard balaye la chambre, se pose sur Laurence et la cousine qui étaient toutes les deux en train de prier, puis elle me voit. Nos regards se croisent. Elle paraît plus jeune que son corps physique. Les marques de la souffrance, de la maladie ou de la fatigue ont totalement disparu. J'ai l'impression de contempler la personne morte mais avec cinq à dix ans de moins.

Sans remuer les lèvres, elle me pose une question : « Qui es-tu toi ? »

En lui parlant de la même manière, je lui répondis : « Je suis Marc ».

Lorsque je lui ai parlé, je n'ai pas bougé les lèvres. Cela m'a semblé tout à fait naturel, mais je suis incapable de vous expliquer comment j'ai procédé.

Je me suis rapproché d'elle. Nous étions face à face, au bord du lit à côté de la table de nuit. Nous nous sommes serrés dans les bras l'un de l'autre puis elle est partie. En marchant, elle s'est dirigée vers le fond de la chambre. Plus elle avançait, plus son image se diluait, jusqu'à disparaître complètement dans une lumière qui était à la fois puissante mais qui n'éblouissait pas.

Je ne me souviens pas être revenu dans mon corps ou avoir pris un quelconque chemin de retour, car je me suis réveillé vers quatre heures du matin, allongé dans ma salle de méditation, lorsque ma femme est rentrée à la maison.

Elle était épuisée, aussi bien sur le plan nerveux que sur le plan moral. Je me suis donc décidé à lui relater ce que j'avais vécu et vu. D'une part pour partager cette expérience pour le moins particulière avec la femme de ma vie et d'autre part pour lui apporter du réconfort.

Je voulais lui dire que sa cousine allait bien, qu'elle était heureuse.

Je lui ai décrit tout ce que j'avais vu dans cette chambre d'hôpital, la souffrance de sa cousine malade, lorsque, avec l'infirmière, elle lui avait changé la chemise de nuit trempée de transpiration.

Laurence m'écoutait attentivement, mais je sentais qu'elle n'était pas totalement convaincue. Soudain j'ai eu le flash, si je puis dire : la prière ! Laurence déteste tout ce qui est religieux, or, je l'ai vue et entendue réciter une prière au pied du lit de la mourante.

Ce dernier argument finit de la convaincre et par me convaincre que je n'avais pas rêvé !

Nous nous sommes couchés alors que le jour commençait à se lever. Le lendemain, nous ne sommes pas allés travailler, nous nous sommes accordés du temps pour digérer tout ce que nous avions vécu durant ces dernières vingt-quatre heures.

Marc a-t-il rêvé ? S'est-il réellement rendu dans cette chambre d'hôpital ?

À ce stade du récit, plusieurs hypothèses se présentent à nous.

Premièrement, on peut envisager que Marc, sous l'effet de l'inquiétude, du choc émotionnel s'est tout imaginé. Le fait qu'il ait « vu » sa femme prier (alors qu'elle ne l'avait jamais fait), le changement de chemise de nuit de la cousine décédée ainsi que tous les détails exacts ne seraient qu'une série de coïncidences.

Cela revient à dire que tout ce qu'il a rêvé est tombé juste par le fait du hasard.

Cette hypothèse est peu probable. Car, dans ce cas, les « coïncidences » sont trop nombreuses et trop précises pour que cette solution soit prise en compte.

La seconde hypothèse consiste à dire que Marc a vécu un phénomène de voyance. Son cerveau a reçu, d'une manière que la science n'explique pas, une série d'informations sans que quoi que ce soit de Marc ne soit sorti de lui pour se rendre à l'hôpital situé à plusieurs kilomètres de chez lui.

Cette hypothèse est à envisager avec le plus grand sérieux.

La dernière option est la sortie hors du corps. Une partie de Marc se serait rendue dans la chambre de la mourante et aurait assisté aux derniers instants de la cousine.

Cela revient à accepter qu'une partie invisible de notre être peut s'éloigner du corps qui l'abrite. Les religions l'appellent âme, les mystiques, le corps astral, les Égyptiens l'appelaient le Ka.

Les études du neurologue Québécois Mario Beauregard, à ce sujet, sont très intéressantes.

THIERRY

LE YOYO

Thierry est un père de famille comme l'on en croise tous et toutes chaque jour. Il a des préoccupations qui ne diffèrent pas des nôtres, la santé de sa fille, le bien-être de sa femme, son travail, la vie en somme.

En revanche, une fois la nuit venue, sa vie prend une tournure tout à fait particulière… Thierry a l'habitude de sortir de son corps, une fois qu'il se couche pour dormir.

Cela ne lui arrive pas toutes les nuits mais presque.

« La première fois que cela m'est arrivé, c'était il y a six ans. Nous venions d'emménager dans une maison pas très loin de Chambéry. Chaque lundi soir, je me couchait seul car mon épouse travaillait de nuit.

Après avoir fait deux ou trois bricoles, j'allais me coucher. Une fois allongé sur mon lit, je me détendais, je n'étais pas complètement endormi ni tout à fait réveillé, j'étais « entre deux eaux ». C'est à ce moment-là que le phénomène se produisait. À présent j'ai une certaine habitude des sensations que j'éprouve dans ces moments-là. Je me souviens très bien de la première fois.

Je me suis senti aspiré vers le haut. Comme si mon corps était attiré par un aimant. En ouvrant les yeux, je me suis aperçu que le plafond était à quelques centimètres de mon nez ! Imaginez ma surprise. Je me suis donc retourné pour me rendre compte de la situation et là, je m'aperçois dormant dans mon lit. J'étais en même temps collé au plafond et dans mon lit.

Le plus surprenant est que cela ne m'a pas vraiment affolé. Je ne ressentais pas d'angoisse et encore moins de panique. Au contraire je me sentais extrêmement bien, très calme, détendu.

À chaque fois que cela se produit, je ressens cette même paix intérieure, je n'ai plus de stress, plus les inquiétudes de la vie de tous les jours. J'avoue savourer ses instants de paix, ils me regonflent à bloc. »

Toute la communauté scientifique qui étudie les phénomènes paranormaux s'accorde à dire qu'ils se déclenchent lorsque le sujet est en « état modifié de conscience ». C'est un état qui ressemble à de la relaxation légère. Une condition que nous connaissons tous lorsque, avant de sombrer dans le sommeil, nous ne sommes pas encore endormis, nous sommes à la limite de la conscience. Les sophrologues appellent cela le « lâcher prise », le sujet baisse sa garde, se relâche et se laisse aller. Il n'est donc pas surprenant que Thierry vive ses sorties hors du corps au moment de l'endormissement. C'est l'instant le plus propice pour la production de phénomènes Psi.

L'autre élément intéressant dans ce témoignage c'est cette étonnante quiétude face à un événement aussi inattendu que bizarre. Cela fait partie des « fondamentaux » des expériences « hors du corps ». Celui ou celle qui le vit se sent tout à fait serein en découvrant son corps et son environnement sous un angle inédit. Il n'éprouve aucune angoisse, pas de frayeur particulière. Il se sent dans la peau à la fois d'un spectateur, avec ce côté détaché, sachant en même temps qu'il est aussi au centre de ce qu'il est en train de vivre.

« Je me suis rapidement rendu compte que je ne faisais pas tout ce que je voulais. Mes déplacements

étaient anarchiques. Je ne me souviens pas non plus du moment ou j'ai réintégré mon corps.

Le lendemain de cette première expérience, je me suis demandé si je l'avais rêvé. Je n'en ai pas parlé à ma femme de peur de passer pour un gentil détraqué. Le soir même, j'ai eu la réponse à ma question. Au moment où j'allais m'endormir, j'ai ressenti cette sensation d'être aspiré vers le haut. À nouveau, je me suis retrouvé à quelques centimètres du plafond.

Cette même sarabande s'est renouvelée chaque soir pendant une quinzaine de jours. À chaque fois que je m'endormais, hop ! Je me retrouvais au plafond.

Lors de mes « sorties » nocturnes, J'ai plusieurs fois essayé de me diriger dans un sens ou dans un autre mais rarement avec succès.

Je me suis donc retrouvé coincé malgré moi dans différents endroits de la chambre. Dans un des angles du plafond, au ras du sol, parfois je réussissais à me positionner à quelques centimètres au-dessus de ma femme qui dormait. C'est cette nuit-là que je me suis rendu compte que j'avais des mains mais qui ne pouvait pas toucher… Mes mains passaient à travers elle. C'est très étrange comme sensation…

Grâce à mon radio-réveil posé sur ma table de nuit, j'ai constaté que mes sorties duraient entre dix et quinze minutes, jamais plus.

En revanche, très souvent il m'arrive de faire le yoyo. Une fois sorti de mon corps, je monte au plafond et je redescends sous le lit en passant à travers le matelas ! Une fois le mouvement enclenché je ne peux pas m'arrêter. Autrement dit, durant plusieurs minutes, je fais le va-et-vient au-dessus du lit en dessous, au-dessus, en dessous... etc., etc.

J'ai fini par en parler à ma femme. Un matin au petit-déjeuner, je lui ai tout raconté. Au début, elle ne me croyait qu'à moitié. Surtout mon histoire de yoyo.

Mais un jour, sans rien me dire, elle a caché son stylo-plume sous le lit. Elle l'avait coincé sous le matelas. Il était donc impossible de le voir en passant la tête sous le lit comme lorsqu'on cherche ses pantoufles.

Quelques soirs plus tard, je recommence mon yoyo involontaire et en passant à travers le matelas, je découvre son stylo. Le lendemain matin, je lui fais part de ma surprise de l'avoir retrouvé dans un endroit aussi saugrenu. Elle m'a avoué que c'était une sorte de test pour vérifier si ce que je vivais n'était pas un rêve. Loin de lui en vouloir, j'étais soulagé qu'elle ait caché ce stylo. Je vous avoue que je me demandais si je ne rêvais pas, si mon cerveau n'était pas capable de reproduire en rêve toute notre chambre dans les moindres détails. »

Les « sorties yoyo » de Thierry se sont calmées depuis quelque temps. Mais il reste toujours cette question qui l'obsède et qui nous obsède : comment prouver que ce qu'il a vécu si souvent, est vrai ?

Peut-être est-ce un rêve avec une part de voyance ? Peut-être est-ce un jeu de l'esprit qui garde en mémoire toutes les caractéristiques de sa chambre et qui, tel un jeu vidéo, reconstruit une image en trois dimensions, fidèle à la réalité ? Après tout dans nos rêves tout nous semble réel.

Pour envisager l'hypothèse d'une sortie hors du corps, il est essentiel que lors de cette expérience, le sujet acquiert une information vérifiable par la suite comme apercevoir un objet au-dessus d'une armoire, un objet invisible depuis le sol.

La découverte du stylo de sa femme caché à son insu sous le matelas est, certes, un indice intéressant. Mais un chercheur rigoureux ne saurait se satisfaire de cet élément si fragile. C'est pour cette raison que Thierry a gentiment proposé son concours à d'éventuelles expériences menées par des scientifiques.

SERGE

MAMIE ! RACONTE-MOI « L'HISTOIRE »...

Nous avons tous en mémoire une anecdote, une histoire ou encore une aventure que racontait fréquemment un de nos grands-parents.

Pour Serge, il s'agit de sa grand-mère. À chaque fois qu'un de ses petits-enfants le lui demandait, et qu'il était en âge de la comprendre, mamie racontait l'histoire ; ou plutôt « Son Histoire » celle qui avait bouleversé sa vie. Serge se retrouve dans la peau du petit-fils qui quémandait à sa grand-mère l'Histoire. À la manière d'un conteur aguerri, elle s'installait confortablement, bien calée au fond de son fauteuil favori. Son regard fixait quelques instants un point lointain, puis elle nous disait :

« J'ai appris à l'âge de 70 ans ce qu'il y a derrière la mort. Jusque-là, comme tout le monde j'en avais

peur. Qu'est-ce qu'il y a après ? Que deviennent ceux que l'on aime ? Sont-ils heureux ? À présent j'ai la réponse. C'est oui !

Tout a commencé avec une douleur en bas du ventre. J'avais mal depuis plusieurs jours quand j'ai décidé d'aller voir le médecin. À peine m'avait-il examinée qu'il a appelé une ambulance pour m'emmener immédiatement à l'hôpital. Je n'ai même pas eu le temps de prendre quelques affaires. Après avoir passé un coup de fil à votre mère, me voilà partie. J'avais une crise d'appendicite ! Une maladie de jeune. Cela m'aurait fait rire si je n'avais pas eu aussi mal. C'est pliée en deux qu'ils m'ont introduite dans le bloc opératoire. Le chirurgien, les infirmières et l'anesthésiste m'attendaient.

Une piqûre à l'avant-bras et hop ! Je me suis endormie. C'est à partir de là que mon aventure a commencé.

La première chose que j'ai vue, c'est un corps étendu sur une table avec des hommes et des femmes en blouses bleues autour. Je me suis rendu compte que ce corps étendu au-dessous de moi, c'était moi ! Je me suis observée recouverte d'une sorte de drap bleu. L'anesthésiste, que j'ai reconnu, se penchait sur moi et surveillait une sorte de machine qui était à côté de lui. Le chirurgien était penché sur moi, au niveau de l'appendicite et une infirmière à ses côtés lui passait ses outils.

J'étais au-dessus de tout ce joli monde. Je flottais au niveau du plafond sans aucune frayeur, sans aucune peur, tout allait très bien. J'ai commencé à regarder autour de moi et je me suis aperçu que je pouvais bouger. Je pensais « à droite », je partais à droite. Je pensais « à gauche », je partais à gauche. C'était absolument extraordinaire comme sensation. J'avais le sentiment d'être totalement libre. Légère comme un ballon de baudruche.

À un moment, j'ai pensé à ma famille et aussitôt, je me suis retrouvée dans un couloir où j'ai vu ma fille (ta mère) mon fils (ton oncle) et ta sœur qui était encore jeune. Tous les trois étaient assis sur des sièges bleus alignés contre le mur. Leurs visages étaient fermés, ma fille pleurait, des infirmières passaient devant eux sans cesse. J'ai même remarqué que ton oncle portait la chemise bleue à carreaux que je lui avais offerte. »

Ce détail de la chemise bleue est important. À aucun moment, la grand-mère de Serge n'a pu avoir connaissance de cet élément. Elle n'a pas vu son fils de la journée et ne l'a pas eu au téléphone non plus. Matériellement il lui était donc impossible d'avoir accès à cette information. Comment l'a-elle eue ?

La voix de Serge trahissait son émotion. Le silence régnait dans le studio, nous n'étions pas au bout de nos surprises. Il reprit le cours de l'histoire qu'il avait plusieurs fois entendue dans son enfance. C'était comme si nous étions tous assis en rond autour de sa grand-mère, comme si elle était présente, nous avions presque l'impression d'entendre la voix de cette vieille dame à travers celle de cet auditeur qui se confiait à nous.

« Après avoir vu ma famille prostrée dans ce couloir, sans transition, je me suis retrouvée dans un couloir sombre. Au bout, une lumière semblait m'attendre. Je ne peux pas vous expliquer cela. C'est bizarre de sentir qu'une lumière vous attend. Elle me semblait vivante et surtout bienveillante, douce, très douce.

Une fois proche de cette source lumineuse j'ai aperçu des silhouettes à contre-jour. Trois personnages semblaient en sortir. Je les ai tout de suite reconnus. Papa et maman se tenaient devant moi. Un peu en retrait se tenait tante Brigitte qui nous a quittés dans les années soixante-dix. Une vague d'émotion m'a totalement submergée ! C'était un mélange de bonheur total, d'amour immense… Un sentiment impossible à décrire avec mes pauvres mots. Nous étions face à face, tous les trois me souriaient. Ils étaient très beaux. Maman portait une robe qu'elle aimait beaucoup quand elle était encore avec nous. Papa était en tenue de ville, Brigitte était rayonnante. Mes parents n'avaient plus de cheveux blancs, leurs visages n'avaient presque plus de ride, ils semblaient avoir entre 30 et 40 ans.

Il m'est impossible de dire combien de temps cela a duré, je ne voulais pas les quitter. Je voulais rester là, avec eux, dans cet amour si fort qui nous entourait.

Gentiment, avec beaucoup de tendresse, ils m'ont fait comprendre que je n'avais rien à faire là-bas. Mon heure n'était pas encore venue, il fallait que je reparte.

Au bonheur incroyable que je venais de vivre a succédé une tristesse aussi immense de les quitter et de quitter cette lumière...

Je me souviens très bien m'être éloignée d'eux à reculons. Puis, plus rien.

Je me suis réveillée dans un lit d'hôpital, j'ai appris par le médecin, que j'ai été morte durant quelques instants et que j'ai eu beaucoup de chance d'être encore avec vous.

Depuis cette drôle d'aventure, la mort ne me fait plus peur. Elle ne doit pas vous effrayer. Ceux qui nous ont quittés, nous attendent dans la lumière. »

Je dois vous apporter quelques précisions, reprit Serge, pour que vous compreniez bien le déroulé chronologique de ce qu'il s'est passé.

Ma grand-mère est entrée au bloc opératoire pour subir l'intervention, puis ma famille est arrivée sur place pour attendre dans ce fameux couloir où elle les a vus.

Au bout d'un certain temps, un chirurgien est venu voir ma mère et mon oncle pour leur apprendre le décès de mamie. Il leur a même demandé d'apporter des vêtements afin de préparer le corps. Ma famille est donc repartie dans un état émotionnel que vous imaginez. Ils étaient à peine arrivés chez mon oncle que l'hôpital téléphone pour leur dire que mamie n'est pas morte, qu'elle était revenue à elle !

Ils se sont donc précipités à nouveau là-bas pour en savoir plus. Durant l'opération, elle avait fait un arrêt cardiaque. Toute l'équipe pensait que c'était fini à tel point que le chirurgien était sorti du bloc pour prévenir la famille. Mais contre toute attente le cœur s'est remis à battre !

Ma mère et mon oncle n'ont pu revoir leur mère que le lendemain lorsqu'elle avait repris connaissance.

Deux jours après, ma grand-mère leur racontait ce qu'elle avait vécu. Les médecins n'en ont absolument pas tenu compte, ils lui ont juste dit que c'était une réaction hallucinatoire qui se produisait parfois.

Ce témoignage que Serge a eu la gentillesse de nous livrer est intéressant à plus d'un titre.

Plusieurs points paraissent difficilement contestables.

Le premier est que la grand-mère de Serge a vu son opération et a pu décrire au chirurgien des détails qu'elle n'était pas censée connaître puisqu'elle était inconsciente.

Le second est le souvenir de la chemise bleue à carreaux de son fils. C'est un élément auquel il faut s'attacher. En effet, comment aurait-elle pu savoir qu'il portait cette chemise puisqu'elle n'a pas eu la possibilité matérielle de le voir ?

Elle a donc obtenu cette information par un autre canal que les cinq sens que nous connaissons. Est-ce de la voyance ou une partie invisible et consciente d'elle-même qui s'est détachée de son corps pour aller « voir » ?

Une fois de plus, nous retrouvons dans le vécu de la mamie de Serge les grandes lignes communes à tous les témoignages de ceux et celles qui ont vécu une expérience de mort imminente.

Enfin, toujours selon Serge, sa grand-mère a profondément changé quant à sa perception de la mort après avoir vécu cette expérience. Elle n'en avait plus peur. Lorsqu'un décès survenait dans son entourage, elle éprouvait du chagrin certes, mais elle affichait une sérénité propre à ceux qui savent au plus profond d'eux-mêmes que le trépas n'est qu'un passage vers un ailleurs et non une fin.

De plus, cette dame, forte de caractère, n'a pas hésité à faire part de ce qu'elle avait vu et ressenti dès son réveil à son entourage. Or, il y a une quinzaine d'années, les EMI n'étaient pas aussi connues du grand public ni prises en compte par le corps médical. Elle s'est donc exposée aux railleries de certains de ses proches jusqu'à ce que le détail de la chemise bleue à carreaux prouve qu'il s'était réellement passé quelque chose…

JOCELYNE

J'AI ÉTÉ SUPERMAN !

Jocelyne vit du côté de Nantes dans une jolie petite maison décorée à l'anglaise. Un cottage niché dans la campagne. De ses origines, elle a gardé le goût des bibelots méticuleusement agencés et un délicieux accent.

Un matin ensoleillé, alors qu'elle était en train de faire un brin de vaisselle dans sa cuisine, Jocelyne sentit des frissons lui parcourir de corps. Elle comprit tout de suite que quelque chose n'allait pas. Une sorte de fatigue soudaine l'envahit avec une sensation d'engourdissement. Son corps devenait si lourd que chaque geste, chaque mouvement nécessitait un effort incroyable.

D'un pas lourd, s'appuyant tour à tour sur les dossiers des chaises de la cuisine, sur le canapé, elle réussit au prix de beaucoup d'efforts à s'allonger sur le sofa du salon.

Une fois allongée, elle se mit à pratiquer des exercices de respiration pour tenter de retrouver la pleine possession de ses moyens. Ce fut peine perdue.

« Je me suis demandé, à ce moment-là, ce que j'allais devenir. Je me sentais partir et j'angoissais de plus en plus. Je ne savais plus quoi faire et j'ai complètement perdu mon sang-froid. Physiquement, je me sentais de plus en plus mal, d'autant que je me sentais m'enfoncer de plus en plus.

Je me souviens bien du moment où je me suis évanouie, j'en ai encore des frissons en y repensant. C'est comme tomber à l'envers dans un puits noir, puis plus rien. C'est très angoissant.

Ensuite je me suis « réveillée » juste au-dessus de moi. J'ai ouvert les yeux, enfin si je puis dire, j'étais au-dessus de mon corps qui était allongé sur le canapé. Je me situais à environ 1 mètre au-dessus.

Ce qui fait que je voyais mes hanches, mes pieds le bout du sofa… Je ne me souviens pas avoir vu mon visage. Je ne me suis pas retournée. Je n'en ai pas eu le temps.

Ce qui m'a tout de suite étonnée, c'est que, d'un seul coup d'œil, j'ai vu tout le salon.

C'est étrange comme impression à décrire mais

c'est comme si d'un regard j'avais vu toute la pièce jusque dans ses moindres recoins.

Je ne sais pas comment vous l'exprimer autrement. En un clin d'œil j'ai tout vu !

Tous les livres de la bibliothèque, les meubles, les tableaux, sous les meubles, derrière la bibliothèque, tout était visible y compris les endroits inaccessibles !

C'est très grisant comme sensation, cela ressemble à un des super-pouvoirs de Superman.

J'ai un seul regret, c'est de n'avoir pas exploré cette capacité de tout voir d'un coup plus longtemps. Car mon expérience visuelle ne s'est pas arrêtée là.

Mon regard s'est fixé sur un vase qui était à l'autre bout de la pièce. Il était à environ 4 à 5 mètres de moi. C'est un cadeau de mes parents et j'y tiens énormément.

Lorsque vous observez un objet, votre attention est tournée vers lui. Sans faire un effort, j'ai « zoomé » sur le vase. Mon regard était comme le zoom d'un appareil-photo ! J'ai pu distinguer les moindres détails de sa surface, les petites rugosités, les traces du pinceau qui a tracé les dessins et cela juste en fixant le vase du regard.

D'une simple impulsion de ma volonté j'ai réellement zoomé du regard comme Superman. Durant un instant j'ai été Superman ! »

Aussi surprenant que le témoignage de Jocelyne puisse paraître, il n'est pas rare de constater cette forme particulière de la vision dans plusieurs cas de sorties hors du corps ou d'expériences de mort imminente.

Certains témoignages rapportent une vision à 360 degrés ainsi qu'une vision totale d'un objet ou d'une personne. D'un seul regard, ils voient le devant et l'arrière de l'objet. Le dessus et le dessous de ce dernier, le tout en même temps ! C'est-à-dire que le témoin voit, simultanément le devant et l'arrière d'un vase, le dessous et le dessus.

Les capacités visuelles ne s'arrêtent pas là. Les témoins ont la possibilité de « zoomer » ou de « dézoomer » à volonté rien qu'en le voulant.

Les capacités de cette forme particulière de vision ne s'arrêtent pas là. Dans certains cas, les témoins rapportent qu'ils ont pu voir les objets contenus dans des poches de vêtements, mouchoirs, crayons ou encore rouge à lèvre… En revanche aucun n'a signalé avoir vu à travers les vêtements ! L'honneur est sauf.

Dans le cas de l'observation d'une pièce, le sujet voit tout d'un seul coup d'œil. Il prend conscience des moindres recoins comme de l'ensemble. C'est une vision qui est en même temps extrêmement précise et globale.

Tous s'accordent à dire que c'est une expérience fascinante à vivre.

« Je n'ai pas pu pousser plus loin mon pouvoir de vision si particulier car en un clin d'œil je me suis retrouvée devant un couloir sombre. Il y faisait noir, mais une lumière blanchâtre luisait au bout. Deux sentiments contradictoires vibraient en moi. Au début je me sentais apaisée, sereine, une sensation de bien-être, que je n'ai jamais ressentie dans ma vie même aux moments de bonheur les plus intenses. Puis, une sorte d'angoisse de ce bonheur est montée en moi. Ce bien-être était trop beau pour être vrai… J'étais effrayée car je ne me suis jamais sentie aussi bien.

Je m'enfonçais dans ce couloir, vers cette lumière. Plus je progressais, plus je me sentais détaché de tout, baignée dans une plénitude extraordinaire.

Plus j'avançais vers le bout du couloir et plus je sentais la vie s'éloigner. J'avais intimement conscience que je me dirigeais vers ma propre fin. Cela, il n'en était pas question ! Je me suis mise à lutter pour revenir en arrière ou plus exactement je me suis préparée à lutter. Aussitôt cette volonté exprimée, j'ai à nouveau plongé dans le trou noir.

La voix de mon fils est la première chose que j'ai

perçue lorsque je suis revenue à moi. J'étais en nage, toujours allongée sur le canapé.

Je me suis souvenue de tout ce que j'avais vécu dans ce que je croyais être un rêve jusqu'à ce que je découvre le livre du Dr Jean-Jacques Charbonnier L'après-vie existe. *Je me suis aperçu, alors, que d'autres personnes avaient vécu la rencontre avec le tunnel et la lumière.*

Il n'empêche! Grâce à cette vision particulière que j'ai eue, durant un court instant j'ai été Superman. »

Selon une étude récente, les cas d'expériences de mort imminente ne sont pas rares. Aux États-Unis, on estime à 12 millions le nombre d'Américains qui ont vécu une EMI. Cela revient à dire que 4 % de cette population est passé par cette expérience singulière. De plus, les scientifiques estiment que plus de 700 expériences de mort imminente seraient vécues chaque jour.

Il en va de même dans notre vieille Europe. En Allemagne, une étude nous apprend qu'un peu plus de 3 millions d'Allemands ont vécu une expérience identique.

Chez nous, en France le chiffre de 2,5 millions est communément avancé.

Un cardiologue hollandais, le docteur Pim van Lommel, a mené une étude dans 10 hôpitaux néerlandais sur une durée de treize ans, portant sur 344 patients ayant survécu à un arrêt cardiaque. Les résultats de cette étude (publiés dans la revue scientifique *The Lancet* en 2001) nous montrent que 18 % des patients ont vécu une expérience de mort imminente lors de leur arrêt cardiaque.

On admet communément qu'environ 15 % des personnes qui frôlent la mort dans diverses circonstances expérimentent une EMI.

KARINE

DES BAFFES !

Karine fait partie de ces personnes qui apprennent à vivre avec une maladie récurrente. La sienne provoque régulièrement des malaises et des pertes de conscience. Grâce à une force de caractère peu commune, elle réussit à mener une vie normale.

Avec son compagnon, elle habite un appartement dans le centre de Grenoble. Ce matin-là, une fois de plus elle allait s'évanouir, mais contrairement aux fois précédentes, elle n'a pas perdu conscience.

« Un matin, alors que je me dirigeais vers la cuisine pour préparer le petit déjeuner, j'ai senti venir un de ses malaises que je connais si bien.

J'ai juste eu le temps de m'asseoir sur une chaise avant de m'évanouir. Contrairement à ce qui se passait à chaque fois, perte de connaissance et réveil dans un état plus ou moins lamentable, je me suis retrouvée au plafond! Au lieu de reprendre conscience dans mon lit ou sur la chaise où je m'étais assise, je me trouvais au plafond. Le plus extraordinaire c'est que je me suis vue assise sur la chaise.

J'ai été plus intriguée qu'affolée par cette situation inédite. Je me trouvais exactement dans l'angle du plafond de la cuisine juste au-dessus de mon corps affaissé sur la chaise. J'étais devenue spectatrice. Je me souviens m'être dit, "pourvu que mon compagnon arrive vite car je vais finir par tomber par terre". Je craignais que mon corps ne tombe au sol et peut-être se fasse mal. Comprenez-moi bien, je considérais mon corps comme une personne étrangère à moi-même. En y repensant, c'est ce qui me trouble le plus. Je me suis observée comme lorsqu'on prête attention à une autre personne.

Puis, j'ai entendu mon ami m'appeler depuis la chambre. N'ayant pas de réponse, je l'ai vu se précipiter vers moi et me secouer comme un prunier. J'entendais tout ce qui se passait dans notre petite cuisine. Sa voix qui m'appelait, le bruit du frottement des pieds de la chaise sur le carrelage, j'avais conscience de tout, toujours avec ce détachement d'une spectatrice d'une scène qui ne la concerne que modérément.

J'avais beau me voir évanouie, voir mon compagnon très inquiet, je ne ressentais aucune peur comme si tout cela ne me concernait presque pas.

Enfin, sûrement pour me réveiller, mon compagnon se mit à me donner quelques tapes sur les joues qui finirent par se transformer en véritables baffes! Heureusement deux suffirent à lui faire comprendre que cela ne servait à rien. J'entends encore leurs claquements sur mes joues alors que j'étais collée au plafond.

Le phénomène s'est arrêté subitement comme un film qui se coupe. Ce fut le noir.

J'ai repris connaissance allongée dans mon lit, le docteur d'un côté et mon ami de l'autre.

Malgré la fatigue, avant de dire quoi que ce soit d'autre, je n'ai pas pu m'empêcher de lui "passer un savon" pour les deux baffes qu'il m'avait administrées. Le pauvre ne comprenait pas comment je le savais. Il a encore moins compris lorsque je lui ai dit l'avoir vu!»

Heureusement pour Karine, les crises deviennent de plus en plus rares. Elle eut également de la chance d'être suivie par un docteur ouvert d'esprit qui avait entendu parler de ce type de phénomènes. Au lieu de traiter cela « par-dessus la jambe », il sut la rassurer. Lui expliquer que les sorties hors du corps sont des expériences que plusieurs milliers de personnes vivent sans que la science ne soit en mesure de les comprendre et encore moins d'en expliquer le mécanisme.

Ce type d'attitude est, fort heureusement, de moins en moins rare de la part du corps médical. Il y a encore une dizaine d'années, Karine aurait eu droit au mieux à un haussement d'épaule suivi d'un regard légèrement amusé, au pire à une prescription d'un anti-anxiolytique. Il est dommage que la science française, dite « officielle », ne se penche pas avec plus de sérieux, de compétences et de moyens sur ce type de phénomènes que vivent plusieurs milliers de nos concitoyens. En laissant ainsi le champ libre à toutes sortes d'interprétations fantaisistes ou fantasmes de toutes natures, elle favorise l'émergence de pseudo-mystiques ou thérapeutes qui voient là l'occasion de faire main basse sur les plus fragiles d'entre nous. Elle porte par cette attitude de déni et de mépris une lourde responsabilité.

Je me souviens d'une conversation avec un chercheur dans le domaine du paranormal qui fut mis au ban de la faculté des sciences de sa ville car il avait osé s'intéresser aux phénomènes bizarres ! Nantis de trois doctorats (médecine, biologie et sciences sociales), il n'eut jamais droit à un centime de subvention ou d'aide pour mener à bien ses expériences qu'il a dû financer avec ses propres deniers.

Sans vouloir jouer les poujadistes de bistrot, est-ce bien sérieux de financer des études sur « la vaisselle d'époque romaine dans la région du lac d'Annecy » sans verser un « kopeck » à des études sur les expériences de morts imminentes ou les sorties hors du corps ?

JACQUES

LA CULOTTE BLEUE

Du geste d'un joueur de bowling fatigué, Jacques jette ses affaires sur son fauteuil de bureau. Le voyage a été exténuant.

Plus de neuf heures de route de la région lilloise à Perpignan. La seule chose à laquelle il aspire à présent, c'est un repas en famille et un film idiot à la télé. Georges travaille dans une petite entreprise depuis cinq ans. Il est commercial. C'est un boulot qui lui plaît vraiment. Il se donne sans compter. Mais ce soir, il est à plat.

À peine a-t-il rangé ses derniers dossiers et remis de l'ordre sur son bureau que retentit un chant d'oiseau venant de la poche intérieure de sa veste. La sonnerie de son portable annonce un appel d'Hélène, sa femme. En réprimant un bâillement il décroche.

À l'autre bout, les nouvelles ne sont pas bonnes.

Sa grand-mère a eu un malaise cet après-midi. Rien de très grave mais le docteur a préféré la faire hospitaliser à la clinique.

En écoutant la voix de sa femme, les épaules de Jacques s'affaissent. Évidemment mamie, à 82 ans, bien sûr c'est une vieille personne à la santé fragile… Mais Jacques sent une boule nouer son estomac.

« – Ok, on se retrouve à la clinique. Je t'aime. J'arrive. »

Au fur et à mesure qu'il se rapproche de la clinique, il s'oblige à respirer profondément. Son patron et ami, adepte du yoga, lui avait enseigné ce petit truc, qui est censé faire baisser la pression d'un stress. Se concentrer sur la respiration, se vider la tête. Rien n'y fait. Un mélange d'angoisse, de fatigue et de souvenirs l'envahit. Mamie, SA mamie est à la clinique. Même si les mots d'Hélène ont été rassurants, l'angoisse grandit en lui. Comme une plante vénéneuse elle étend ses branches et ses racines dans tout son être.

Le souffle court, il fait une pause en haut des marches du perron de la clinique.

« – Si mamie s'en sort, j'arrête de fumer, murmure-t-il en forme de prière. »

Une fois à l'intérieur, l'odeur de médicament le frappe de plein fouet. Jacques la déteste ! À chaque fois qu'il l'a sentie c'était en de tristes occasions.

Chaque métier a son odeur. Pour un commercial c'est l'odeur de l'intérieur de sa voiture. Un mélange de produits pour faire briller les plastiques du tableau de bord et de tabac froid. Pour un boulanger, c'est le doux parfum du pain chaud ou de la farine. Mais cette odeur d'hôpital lui est insupportable. Il ne pourra jamais travailler dans un hôpital.

Hélène l'attend dans le hall. L'angoisse se lit dans ses yeux. Elle sourit, mais il comprend que la situation n'est pas brillante.

« – Ils viennent de transférer mamie en soins intensifs… Le docteur est quand même optimiste. »

Jacques lui emboîte le pas à travers les couloirs blancs de la clinique. Les reproductions de tableaux de maîtres accrochées aux murs essaient, sans y parvenir, de faire oublier les odeurs de médicaments, de détergents et de nettoyants.

Avant de pousser la porte qui mène aux soins intensifs, Jacques et Hélène échangent un regard.

«– Ça va aller ? dit-elle.

– T'inquiète, ça roule, lui répondit-il avec un clin d'œil complice. »

L'infirmière les accueille avec un sourire chaleureux et des paroles réconfortantes.

«– Bonjour. Vous venez voir Madame C... ? Suivez-moi, elle est au fond de la salle sur le lit là-bas. Ne vous inquiétez pas, son état se stabilise et si tout va bien d'ici un ou deux jours, elle rentrera chez elle. »

Elle leur fait signe de s'approcher du lit et leur désigne deux chaises à côté.

D'un geste lourd, Jacques s'assied à côté de son épouse. À partir de ce moment précis, tout ce qui l'entoure devient flou. Les couleurs s'estompent, les paroles se transforment en sons lointains et incompréhensibles. Il s'enfonce lentement dans un monde cotonneux. En même temps son corps s'affaisse contre Hélène avant de glisser sur le sol comme dans un film au ralenti.

Jacques n'aperçoit plus que des silhouettes qui tournent autour de lui. Elles semblent lui parler dans un langage qu'il ne comprend pas. Il s'enfonce encore…

Bleu… Tout est bleu autour de lui. Il est nulle part, pas de sol, pas de plafond, pas d'horizon, seulement du bleu.

« *J'étais dans une ambiance bleue, comme plongé dans un univers bleu avec, au loin, un point blanc qui m'attirait irrésistiblement.*

J'étais naturellement attiré vers ce point blanc comme lorsqu'on est dans une grotte noire et que l'on se dirige vers la lumière.

Comme si je me trouvais dans un tunnel tout bleu.

Ce point blanc était très éloigné, mais il possédait une puissance incroyable ! Une attraction indescriptible.

Je ne sentais plus ce sentiment terrestre de lourdeur. Je me sentais totalement indépendant de mon corps. J'avais l'impression d'être dans mon élément naturel.

Je suis allé vers cette lumière. À un moment je me suis senti bloqué ! Malgré mes efforts pour rejoindre cette lumière, je ne pouvais plus avancer.

Une force me retenait.

Tout à coup, j'ai été "rappelé" vers l'arrière contre mon gré. J'avais beau lutter, rien n'y faisait.

Bouleversé, chamboulé, je reculais. La lumière s'éloignait.

J'ai l'impression que si on m'avait laissé y aller, j'y serais parvenu. J'en avais tellement envie, je me sentais si bien… Je crois que si rien ne m'avait retenu, j'aurais plongé dans cette lumière et je ne serais peut-être pas revenu. »

Les bruits envahissent à nouveau l'espace de Jacques. Des voix lui parviennent. Des ordres, des cris, le froissement des vêtements. Il est allongé par terre, il sent le froid du carrelage.

Il ouvre les yeux. Sa vision s'éclaircit… Encore du bleu ! Ce n'est pas ce même bleu dans lequel il a baigné. C'est un bleu plus clair, c'est le bleu de la culotte de l'infirmière qui est au-dessus de lui et qui aide le docteur qui est en train de le ranimer.

Étrange retour sur terre se dit Jacques encore engourdi par son voyage dans l'autre monde.

« Je revois encore cette lumière en fermant les yeux. C'est comme c'était hier et pourtant cela date de plus de vingt ans.

Depuis cette expérience, j'ai changé. Je me suis rendu compte que nous ne sommes pas grand-chose, la mort peut survenir à n'importe quel moment.

J'accorde plus d'importance à des événements que je négligeais avant. Dans ma vie, la hiérarchie des valeurs a changé. »

Il existe plusieurs degrés d'intensité dans les expériences de mort imminente. Sur une échelle de un à dix, le vécu de Jacques serait noté entre trois et quatre. Les éléments essentiels d'une EMI sont présents : la sensation d'être dans un espace entièrement noir ou bleu, la lumière lointaine très attirante, l'impression de bien-être, d'être « dans mon élément naturel » comme le dit Jacques.

Comme nous le verrons également dans le témoignage de Marc, il n'est pas nécessaire de frôler la mort pour vivre une telle expérience. Un coup de fatigue ou encore une relaxation peut entraîner vers cet ailleurs si mystérieux.

JEANNETTE

LA MUSIQUE DES ANGES

Le réveil n'a pas eu besoin de sonner, Jeannette s'est levée avant. Comme tous les matins, elle sort en silence de la chambre où dort encore son mari.

Le rituel est le même depuis des années ; comme d'habitude, elle remonte le chauffage, comme d'habitude elle fait du café… Mais ce matin-là, Jeannette ne se sent pas très bien. Machinalement elle resserre la ceinture de sa robe de chambre. Tout d'un coup, elle sent un froid la saisir, le sang quitte son visage. Jeannette n'a pas le temps de tourner la tête vers le miroir du couloir pour découvrir qu'elle est devenue blanche comme un linge.

Elle s'affaisse, elle perd connaissance.

« *Je me suis retrouvée dans une sorte de tunnel blanc. Il m'est difficile de vous décrire cet endroit. C'était d'un blanc lumineux, un immense tuyau. Je n'avais pas conscience de mon corps. J'avoue que cela ne m'intéressait même pas.*

Je flottais doucement, je volais au milieu de ce tunnel. Je me sentais sereine, apaisée comme si tous mes soucis de la vie quotidienne ne me concernaient plus.

Cela peut vous paraître bizarre, mais je n'étais pas surprise de me retrouver dans un endroit aussi insolite... Planer dans un tuyau blanc, ce n'est quand même pas courant!»

Jeannette fait le même constat que tous ceux et celles qui ont vécu une telle expérience, peu importe leur origine, leur croyance ou encore leur rang social ou leur métier, tous éprouvent cette sensation de sérénité malgré le côté étrange de la situation.

Il est surprenant de constater qu'une expérience de mort imminente est un phénomène qui possède des éléments récurrents quelle que soit la culture de celui qui l'a vécue. Qu'il soit Indien d'Inde, Inuit du Pôle ou encore Occidental bon teint, malgré le fossé qui sépare ces trois individus, ils vivent (à des variantes près) presque la même chose lorsqu'ils passent de «l'autre côté».

«Très rapidement, j'ai senti que je m'enfonçais dans le tunnel. Je percevais au loin une lumière très

blanche. Au début c'était un petit point rond. Au fur et à mesure que je m'en approchais l'intensité de la lumière de ce point grandissait. Cela ressemblait à la lumière d'un flash. C'était fort, mais je pouvais regarder cette lumière sans gêne.

En fait, je ne la quittais pas des yeux.

Puis, sans savoir d'où elle venait, j'ai entendu une musique magnifique. Une musique si belle, si pénétrante que je ne trouve pas les mots pour la décrire. Cette musique m'enveloppait totalement. Je ne me suis jamais sentie aussi bien de ma vie. Je suis incapable de vous dire de quels instruments il s'agissait et encore moins de vous chanter la mélodie. En tous les cas, je n'ai plus jamais entendu quelque chose d'équivalent sur terre… Plus jamais.

Je ne trouve pas les mots pour essayer de vous faire comprendre ce que j'ai ressenti à ce moment-là. Baigner dans cette musique, c'était comme un bain d'amour, un amour total!

Malheureusement, une voix m'a dit « Ce n'est pas ton heure ». Je ne sais pas d'où elle venait, mais je l'ai clairement entendue. Il m'est également impossible de dire si c'était une voix d'homme ou de femme. En revanche, à partir de cet instant, tout s'est arrêté et ce fut le trou noir. »

Jeannette s'est réveillée à l'hôpital vingt-quatre heures plus tard avec une pile dans le cœur. Elle a frôlé la mort. Sa vie n'a tenu qu'à un fil et son retour sur terre fut rude.

Placée en soins intensifs, l'infirmière qui était à ses côtés au moment de son retour parmi les humains lui a rapporté ce qu'elle avait dit en revenant à la surface : *« Si c'est ça mourir, je veux repartir tout de suite ! »*

Il a fallu plusieurs années à Jeannette pour surmonter la dépression qui a suivi son expérience de mort imminente. Dans son entourage, personne n'a voulu croire un traître mot de son histoire. Pour son mari, elle était tout simplement devenue folle. Cet épisode a scellé le sort du couple qui s'est séparé deux ans après.

Il m'est arrivé plusieurs fois de recueillir dans mon émission des témoignages d'auditeurs parlant pour la première fois de leur vécu, particulièrement rassurés d'apprendre qu'ils ne sont pas fous et, par ailleurs, de découvrir qu'ils ne sont pas seuls à avoir vécu une expérience aussi singulière.

Il est très important d'en parler, de verbaliser et de partager.

Depuis cet épisode, Jeannette n'a plus peur de la mort. Elle envisage son départ de la vie terrestre avec sérénité, presque avec envie.

« Il me tarde de retrouver cette musique, vous savez. Il ne se passe pas une journée sans que j'y pense. »

C'est une constante chez celles et ceux qui sont passés par une expérience de mort imminente. Ils n'envisagent plus la mort comme une terre inconnue et terrifiante ; bien au contraire.

Dans plusieurs cas, cette expérience leur donne la force d'accompagner des personnes en fin de vie. De leur dire les mots justes, de leur apprendre que derrière le grand rideau noir une lumière étincelante et pleine d'amour les attend.

LA RECHERCHE SCIENTIFIQUE

Jocelin Morisson

C'est bien sûr le best-seller du Dr Raymond Moody, *La Vie après la vie* (*Life After Life*), qui a popularisé le thème des Expériences de Mort Imminente (EMI ou NDE pour Near-Death Experiences) lors de sa parution en 1975 aux États-Unis, puis en 1977 en France. Traduit en 26 langues et vendu à plus de 20 millions d'exemplaires, il a (ré) ouvert une voie de recherche sur un phénomène qui remonte cependant à la plus haute Antiquité. En 1975, Raymond Moody était diplômé de philosophie et inscrit en faculté de médecine en vue de faire une spécialisation en psychiatrie. C'est dans ce cadre qu'il s'est mis à recueillir les témoignages composant la trame de *La Vie après la vie*. Il raconte lui-même d'où lui est venu cet intérêt pour l'EMI, quelques années plus tôt : « En 1962, au cours de ma première année à l'université de Virginie, j'ai lu *La République* de Platon, et notamment l'histoire du soldat Er le Pamphylien, que l'on avait déclaré mort sur le champ de bataille mais qui avait ressuscité spontanément. Platon a raconté l'histoire fantastique de ce soldat qui était entré dans un autre monde. Environ trois ans plus tard, en 1965, toujours étudiant en philosophie, j'ai rencontré un professeur de psychiatrie, le Dr Georges Ritchie. Un homme merveilleux, qui avait fait le même type d'expérience quelques années auparavant. Quand je suis devenu moi-même professeur de philosophie, je me suis aperçu que nombre de mes étudiants avaient fait le même type d'expérience ! »

Rencontre avec la Lumière

Nous verrons plus loin les traces de l'EMI dans l'histoire, et nous constaterons également que la recherche scientifique sur ce sujet remonte à la fin du XIXe siècle. Mais on peut se demander pourquoi *La Vie après la vie* a eu un tel succès. Le travail de Raymond Moody, bien que très sérieux, n'était pas une étude scientifique à proprement parler, et il le reconnaît lui-même dans l'appendice. Il présente des témoignages de façon très complète et s'attache à en ressortir des « invariants », c'est-à-dire des éléments semblables dans chaque récit. Parmi ceux-ci, on peut déjà citer la sensation de quitter son corps ; l'impression de bien-être ; la perception depuis un point de vue élevé ; le passage dans un lieu sombre souvent assimilé à un tunnel ; la perception d'une lumière au bout de celui-ci ; la sensation de rencontrer, voire de communiquer avec des proches décédés ; la lumière perçue comme très puissante mais non-aveuglante, assimilée à une énergie bienfaisante et parfois à « l'amour » ; l'impression de revoir toute sa vie défiler devant ses yeux ; et enfin le retour dans le corps (voir aussi annexe II, p. 165). Pour autant, tous les témoins ne connaissent pas nécessairement toutes ces phases au cours de leur expérience.

Répercussions Psychologiques

Mais ce qui a véritablement capté l'attention des scientifiques, et donné ensuite à l'EMI ses lettres de noblesse en tant qu'objet de science, c'est encore un autre élément. Il s'agit en effet des répercussions psychologiques de l'expérience. Les psychiatres et psychologues savaient que des expériences de type illusions ou hallucinations n'amènent pas de changements profonds dans la personnalité des sujets qui les vivent. Or, c'était le cas avec les EMI. Les personnes voyaient leur vie transformée, pas forcément dans un sens toujours positif comme on l'a dit dans un premier temps, puisque tous les témoins d'EMI ne devenaient pas des saints irradiant d'amour, mais tous étaient profondément convaincus d'avoir vécu quelque chose de très particulier, de très puissant, et qui n'avait en tout cas rien d'une hallucination. D'où d'ailleurs la difficulté à en parler, même des années après, alors que le souvenir de l'expérience quant à lui ne s'effaçait pas et restait même extrêmement vivace. Moody avait donc mis en évidence cette composante essentielle de l'expérience, ses répercussions sur la vie, le système de valeurs et les croyances des témoins. La plupart d'entre eux se détachaient ainsi des valeurs matérielles et des notions de réussite, richesse ou possession. Ils mettaient l'accent sur la relation aux autres et développaient de façon générale une forme de spiritualité non nécessairement religieuse.

Réanimés par milliers

Par ailleurs, le succès de *La Vie après la vie* s'explique certainement aussi par un effet quantitatif. Au cœur des années 1970, les techniques médicales de réanimation ont connu des progrès spectaculaires. Les défibrillateurs cardiaques et autres dispositifs ou techniques réanimatoires permettaient de ramener à la vie des centaines, voire des milliers de personnes qui auraient dû mourir, et qui seraient à coup sûr mortes quelques années auparavant. Qu'il s'agisse de crises cardiaques, d'accidents de la route ou de maladies, beaucoup d'entre elles ont été en état de « mort clinique », signes vitaux stoppés. On « ramène » donc à la vie – les Anglo-Saxons disent d'ailleurs « resuscitation » pour réanimation – des personnes dont une grande partie a vécu une EMI. Des études ultérieures montreront que 10 à 15 % des personnes ayant frôlé la mort ont de tels souvenirs. Ceci explique sans doute pourquoi les récits recueillis par Moody rencontrent un tel écho dans le grand public, car de tels récits existaient avant mais probablement en beaucoup moins grande quantité.

Dans les années 1980, un sondage de l'institut Gallup a donné une estimation de 8 millions de personnes ayant vécu une EMI aux États-Unis (soit environ 3 % de la population). Un autre sondage pour US News & World Report en 1997 a donné un total 15 millions aux États-Unis (soit 5 % des 300 millions d'habitants). Les travaux les plus récents, cependant, tendent à s'accorder sur un pourcentage de 4 % de la population générale, ce chiffre correspondant à des enquêtes réalisées non seulement aux États-Unis, mais aussi en Allemagne et aux Pays-Bas. Il faut faire attention à ne considérer ici que la population générale des pays disposant des techniques de réanimation modernes, et se garder de généraliser à l'ensemble de la population de la planète. En se basant sur ce chiffre, la France pourrait compter près de 2,5 millions de personnes ayant vécu une EMI, et ils seraient aujourd'hui environ 12 millions aux États-Unis.

Visions des Mourants

Quoi qu'il en soit, l'échantillon de Moody est effectivement constitué de personnes qui ont bel et bien été ramenées à la vie. C'est d'ailleurs Elisabeth Kübler-Ross qui signera l'avant-propos d'une première réédition de *La Vie après la vie*, soulignant combien les récits des témoins d'EMI se rapprochent des expériences des mourants dont elle s'occupe depuis des années. La psychiatre américaine d'origine suisse a identifié elle aussi plusieurs invariants dans les récits rapportés par des personnes en fin de vie. On retrouve la décorporation, cette sensation de flotter tout en conservant les sens de la vision et de l'audition ; dans cet état les sujets sont capables de se déplacer dans le monde physique « à la vitesse de la pensée » ; ils traversent un tunnel ou franchissent un passage symbolique (pont, ruisseau...) vers la lumière ; celle-ci est identifiée à l'Amour ; la revue de la vie est accompagnée d'une connaissance et d'une compréhension du jeu des causes et effets ; puis c'est le retour dans le corps.

Dans son avant-propos, Elisabeth Kübler-Ross félicite le jeune universitaire Raymond Moody pour son travail de compilation et d'analyse des récits d'expériences de mort imminente. Et elle le met en garde contre deux catégories d'individus qui ne manqueront pas, comme ils l'ont fait avec elle, de le fustiger pour cette approche qu'il présente comme factuelle et non-conclusive – c'est-à-dire qu'il ne prétend pas que ces EMI prouvent quoi que ce soit en termes de vie après la mort (malgré le titre de son livre, choix d'un éditeur inspiré) ou d'existence de Dieu. Les deux catégories en question sont d'une part les fondamentalistes religieux, très actifs aux États-Unis, qui lui reprocheront de toucher un domaine tabou ou même de « vendre de la grâce au rabais », et d'autre part les « scientistes », ces scientifiques ou médecins rationalistes selon qui toute démarche de ce type est nécessairement anti-scientifique.

Et cela ne manqua pas d'arriver en effet, excepté que Raymond Moody a été bien davantage l'objet d'attaques de la part des religieux que des scientifiques, car il se trouve tout de même que ces derniers ont majoritairement l'esprit ouvert.

Naissance de IANDS

Dans le sillage de Raymond Moody, plusieurs chercheurs s'intéressent de très près aux EMI. Parmi eux, le psychologue Kenneth Ring, le psychiatre Bruce Greyson et le cardiologue Michael Sabom. De 1976 à 1979, dans le but de vérifier les affirmations de Moody, Kenneth Ring recueille les témoignages détaillés de 102 personnes ayant approché la mort. Son enquête prospective (qui se fonde sur un échantillon de candidats indéterminé, au contraire d'une enquête rétrospective qui porte sur une catégorie préalablement définie) est menée essentiellement dans des services hospitaliers. Ring évalue à 39 % le taux de personnes ayant vécu une EMI parmi son échantillon. Entre 1976 et début 1981, Michael Sabom aidé de Sarah Kreutziger recense un total de 116 témoignages de rescapés d'une mort imminente et confirme la réalité du phénomène, alors même que Sabom avait entrepris cette recherche dans le but avoué d'infirmer les déclarations de Moody. Quant à Bruce Greyson, il réalise une étude en 1980 avec son collègue psychiatre Ian Stevenson (qui s'est également intéressé au phénomène des « vies antérieures »), portant sur 78 témoignages. Greyson proposera ensuite une échelle d'évaluation de l'intensité de l'expérience, qui est devenue le standard du genre dans les études sur ce sujet (mentionnée en annexe).

C'est John Audette, sociologue de formation, qui a réuni ces individualités pour amener à la fondation de l'association de recherche rebaptisée quelques années plus tard IANDS (International Association for Near-Death Studies – Association internationale d'études des états proches de la mort). John Audette fut celui qui a dans un premier temps présenté Elisabeth Kübler-Ross à Raymond Moody, avant de devenir ensuite le « manager » de ce dernier, au vu de l'incroyable engouement suscité dans le monde entier par son livre. Audette a donc réuni ces personnes et quelques autres dont Beverly Belk, Donald Mueller, John Egle (éditeur de *Life After Life*), en vue d'organiser la recherche sur ce thème. Fin 1980, Kenneth Ring accepte la présidence de l'association qu'il nomme donc IANDS, et celle-ci prend un essor considérable grâce au temps donné par ces pionniers et quelques-uns de leurs étudiants. Ils organisent des conférences, publient des lettres d'information, puis éditent un véritable journal scientifique. Michael Sabom, qui prendra la suite de Kenneth Ring en tant que président, s'est dans un premier temps opposé à l'idée de créer un journal scientifique car il pensait que des travaux sur ce thème devaient absolument être publiés dans des revues « à comité de lecture » en médecine, psychologie ou dans d'autres disciplines spécialisées. Il dirigera cependant le *Journal of Near-Death Studies* pendant dix-huit ans tout en continuant de s'interroger sur le bien-fondé de cette démarche. Avec le recul, on constate que la contribution de cette publication au domaine des EMI aura tout de même été considérable et que les grandes revues scientifiques finiront par prendre le relais à partir des années 1990/2000, en publiant des travaux sur les EMI ou les phénomènes connexes comme l'expérience hors du corps : *The Lancet*, *The New England Journal of Medicine* ou la revue *Nature* entre autres.

Un Récit daté de 1795

Un index des articles scientifiques touchant directement ou indirectement à ce thème a tout de même recensé la publication de plus de 700 articles dans des revues scientifiques jusqu'en 2001. Cette année-là est à marquer d'une pierre blanche car elle a vu la parution de l'étude prospective de Pim van Lommel dans *The Lancet*, la plus complète à ce jour, et que nous verrons plus loin. Avant cela, effectuons un petit retour en arrière pour constater que les EMI ont en réalité fait l'objet de recherches scientifiques dès le XIXe siècle. Dans une étude consacré au thème de la « revue de la vie » (ou panorama de la vie) publiée en 1976 dans *Psychiatry*, et en 1977 dans la revue *Omega*, les chercheurs Russel Noyes et Roy Kletti, du département de psychiatrie de l'université de l'Iowa, ont passé en revue la littérature médicale sur ce thème. Ils remontent à une publication de 1847 avec le récit rapporté au Dr W. Hyde Wollaston de l'expérience de l'amiral Sir Francis Beaufort, qui a réchappé d'une noyade dans le port de Portsmouth en 1795. L'extrait suivant de son récit montre que tous les éléments de la mémoire panoramique sont déjà là : « Voyageant ainsi vers le passé, chaque épisode de ma vie m'apparaissait, non pas simplement dans ses contours, mais l'image se remplissait de tous les détails et éléments collatéraux. En résumé, ma vie entière semblait disposée devant moi en une sorte de revue panoramique, et chaque acte semblait accompagné d'une conscience du bien et du mal, ou d'une réflexion sur ses causes et conséquences. De nombreux événements mineurs et depuis longtemps oubliés ont envahi ma pensée, reprenant l'aspect d'une familiarité récente. »

Première Fessée, Premier Baiser

Noyes et Kletti poursuivent leur revue de la littérature scientifique avec les travaux de l'alpiniste et géologue suisse Albert Heim, publiés en 1892. Celui-ci décrit des états mentaux semblables dans les récits de 30 victimes de chute en montagne. Lui-même raconte avoir assisté lors d'une chute à la revue de sa vie, comme si elle était projetée sur une scène à une certaine distance devant lui. Puis en 1928, le neurologue Kinnier Wilson a cité des exemples de souvenirs vivaces d'expériences oubliées dans un chapitre décrivant et classant les composants psychiques de l'épilepsie du lobe temporal. Il a utilisé le terme de « mémoire panoramique » et noté sa survenue très fréquente dans des situations de danger de mort. Pour montrer la forte similitude des expériences, Noyes et Kletti citent à leur tour un témoignage contemporain faisant état de « mémoire panoramique » dans l'expérience d'un jeune homme de 20 ans, victime d'un accident de moto quelques années plus tôt : « Les premières scènes dataient de mes deux ans environ. Je me suis revu me renversant un bol de céréales sur la tête, puis plus tard recevant une fessée pour un mauvais bulletin de notes. J'ai revu des moments forts comme la première fois où j'ai embrassé une fille, la première fois où j'ai été saoul et d'autres choses comme ça. À chaque fois je revivais les sensations que j'avais connues alors. C'était comme les vivre à nouveau. À chaque fois, je me retrouvais d'abord dans la scène, puis j'en devenais détaché, comme on regarderait une photo de soi dans un album de photos familiales. J'étais comme extrait de la scène pour l'observer à la 3e personne. »

Les chercheurs caractérisent ce phénomène de « la revue de vie » en identifiant plusieurs éléments récurrents. Les souvenirs défilent très rapidement (« flashing »), mais ils sont très nombreux et détaillés. Les impressions sont d'abord seulement visuelles, puis les autres sens sont impliqués, surtout pour les souvenirs de la petite enfance (odeur et goût des gâteaux maternels par exemple), puis les émotions sont ressenties et redonnent au souvenir le caractère de la « familiarité récente ». Ils notent une altération du temps (étendu puis éliminé) et de l'espace ; ainsi qu'une discrimination entre les choses importantes de la vie et celles sans importance. Finalement, les auteurs pensent que « la revue de vie » sert à échapper à la réalité traumatique d'un accident. Plus tard, ils reviendront cependant sur cette conclusion. Ils constatent également que les personnes conservent une conscience de la réalité de la situation, tout en étant absorbées dans la revue de vie.

L'Âge d'Or de la Recherche Psychique

Les travaux anciens rapportés par Noyes et Kletti, qui se sont focalisés sur la « revue de vie », sont loin d'être les seuls à avoir été consacré à l'EMI. Ainsi que le rappelle opportunément l'auteur et chercheur indépendant Daniel Maurer dans son premier ouvrage consacré aux EMI, *La Vie à corps perdu*, c'est d'ailleurs au philosophe français Victor Egger que l'on doit la formule même d'« Expérience de Mort Imminente », qui est donc antérieure à celle inventée par Raymond Moody, Near-Death Experience. Egger l'a en effet utilisée dans un article de 1895 publié dans la *Revue Philosophique*. Après être tombée en désuétude, elle est revenue en usage au moment de la publication du livre de Moody et s'est presque imposée dans le monde francophone, bien que l'on puisse d'ores et déjà préciser à ce stade qu'elle n'est pas tout à fait justifiée, dans la mesure où il est aujourd'hui avéré que de telles expériences peuvent survenir en dehors de tout contexte de mort imminente. D'autres formules sont en usage, mais toutes font référence à la mort. Citons notamment « Expérience de Mort Approchée » ou encore « Expérience aux Frontières de la Mort ». Daniel Maurer souligne que le débat initié par Victor Egger rencontra peu d'écho parmi les intellectuels de la fin du XIXe siècle, déjà empêtrés dans les réfutations des thèses spirites alors très en vogue. Rappelons également qu'au tournant du siècle, les recherches psychiques étaient tout de même considérées sérieusement par de grands esprits à la fois en Angleterre, au sein de la Society for Psychical Research, aux États-Unis (American Society for Psychical Research), et les Français ne furent pas en reste avec ce qui deviendra l'Institut Métapsychique International, encore en activité de nos jours. Dans ces cadres-là, les chercheurs publieront jusque dans les années 1960/1970 des travaux sur ce qu'on appelle alors la « projection astrale » (Muldoon, 1936), sur l'expérience « hors du corps » ou encore sur les « visions des mourants » (William Barret : *Death-bed Visions* en 1926). Ces récits vécus resteront confinés aux bizarreries de la psychiatrie moderne jusqu'à ce que Moody les remette « en lumière ».

Dès le IIIe Millénaire avant notre Ère

Mais en remontant bien plus loin encore dans l'Histoire, Daniel Maurer mentionne des indices de l'existence des EMI dès le IIIe millénaire avant notre ère : « L'Épopée de Gilgamesh, souverain de la cité d'Uruk en Mésopotamie (aujourd'hui Warka, dans le sud de l'Irak), dont on situe le règne aux alentours du IIIe millénaire avant notre ère, nous éclaire sur la croyance dans la survie qui avait cours à cette époque. Gravé sur des tablettes d'argile datées de 4700 ans avant J.-C. environ, ce récit poétique qui témoigne d'une expérience analogue à une EMI, est le plus ancien texte évocateur de cette croyance (on ne sait si Gilgamesh a réellement existé ou s'il s'agit d'un personnage de légende. Le récit, en revanche, indique clairement que les expériences transcendantes étaient connues des érudits de l'époque). S'agissant aussi de l'un des tout premiers témoignages de la langue écrite, il souligne l'importance capitale que l'homme attache, depuis la nuit des temps, au thème de la survie. » Daniel Maurer ajoute dans son chapitre consacré aux traces historiques de l'EMI que, « de l'avis d'experts, il est fort probable que ce long poème ait inspiré certains passages de la Bible : Genèse (I-III), Ézéchiel (XXVIII), livre de l'Ecclésiastique (XVI, 24, à XVII, 14). C'est sans doute à la prégnance de ce même thème de la survie que l'on doit les récits mythiques d'auteurs grecs de l'Antiquité (Platon, Plutarque, Plotin) qui, à leur tour, ont fait allusion à ces EMI évocatrices d'une autre réalité. Par la suite, le manichéisme superstitieux du Moyen Âge imprégnera fortement la plupart des récits, comme ceux que Grégoire Ier, pape de 590 à 607, consacrera à ces phénomènes dans ses *Dialogues*. » Enfin, comment ne pas mentionner le tableau de Jérôme Bosch (1453 – 1516), *L'Ascension vers l'Empyrée*, qui figure un tunnel, avec des personnages angéliques, et au bout duquel se trouve une lumière éclatante…

EMI et Suicide

Revenant à l'époque moderne, une autre étude importante a été publiée avant le livre de Moody et nous plonge, si l'on peut dire, dans la problématique précisément soulevée au moment de la parution de *La Vie après la vie* et qui emplit d'effroi Raymond Moody. Il s'agit en effet d'une étude portant sur les rescapés de tentatives de suicide depuis le fameux pont de San Francisco, le Golden Gate Bridge (plus deux rescapés ayant sauté d'un autre pont). Cette étude a été publiée en 1973 et est due au psychiatre David Rosen. L'échantillon était réduit puisque seuls 8 des 712 suicidants de 1937 à 1985 en ont réchappé. Comme l'explique Daniel Maurer dans *La Vie à corps perdu* : « Dans son compte rendu, David Rosen précise que la plupart des rescapés ont comparé cette chute volontaire à un saut initiatique. Un seul a fait part de la sensation distincte de tomber rapidement à travers l'air, alors que les autres ont dit avoir perdu toute notion du temps et décrit des chutes qui semblaient durer longtemps, de quelques heures à une éternité. Ces survivants ont vécu de véritables expériences mystiques d'où émergeaient des sentiments de renaissance, d'unité spirituelle avec d'autres personnes et de fusion cosmique. Toutes les expériences ont été dépeintes comme sereines et apaisantes. (...) Mais les plus significatives des conséquences pratiques résidaient en un accroissement de la vitalité, l'affirmation d'une existence humaine heureuse et une réduction des tendances auto-destructrices. Rosen précise encore que les survivants de sauts du Golden Gate Bridge conseillèrent unanimement qu'une barrière de protection soit construite sur ce pont. »

Il s'agit là d'un élément clé de « l'enseignement » des EMI. En effet, les témoins sont unanimes à affirmer que la vie a un sens et qu'elle mérite d'être vécue. Raymond Moody a été fort rassuré lorsque des études ultérieures ont confirmé ce fait après la parution de son livre car, dans sa grande « naïveté », il n'avait pas envisagé une seconde que les récits qu'il rapportait dans *La Vie après la vie* risquaient de déclencher une vague de suicide sans précédent, ainsi qu'il l'a confié en marge du colloque de Martigues (juin 2006) : « En novembre 1975, juste après la parution de mon livre, je me suis rendu dans un séminaire médical à Atlanta où l'on allait parler de ce thème, et un des médecins s'est levé et a dit : « C'est horrible, cela va déclencher une vague de suicides, les gens voudront aller de l'autre côté ». Alors bien sûr... j'étais horrifié ! Finalement les événements ont montré que c'était le contraire. De nombreux psychologues ont montré qu'exposer des personnes suicidaires à des récits d'EMI conduit à diminuer les idées suicidaires et les amène à se sentir mieux. Et le Dr Bruce Greyson de l'université de Virginie a fait une étude spécifique sur les suicidants qui a montré deux choses. D'une part les EMI des suicidants ne sont pas différentes des EMI de ceux qui ont approché la mort pour d'autres raisons, et, en second lieu, ils affirment que plus jamais ils ne tenteront de se suicider. La raison qu'ils donnent, ce n'est pas la crainte que si la tentative avait réussi ils se seraient retrouvés en enfer, mais c'est qu'ils ont appris que la vie a bien un but ; et que quel que soit le niveau de désespoir ou de colère que l'on atteigne, il y a un but et les souffrances que nous traversons nous donnent le courage de vivre. »

Rarissimes Récidives

Dans cette interview accordée à la documentariste Sonia Barkallah (également organisatrice du colloque de Martigues), Raymond Moody fait référence à une étude menée par Bruce Greyson et Nancy Bush en 1992 et consacrée aux vécus « négatifs » qui constituent un pourcentage non négligeable d'EMI. Nous allons y revenir plus en détail, mais cette étude aboutit en effet à l'idée que les rescapés de tentatives de suicides ne récidivent pas. Dans son livre *Le Cerveau spirituel* (titre provisoire, à paraître aux éditions La Maisnie) le neurologue québécois Mario Beauregard note que « seule une minorité des EMI rapportées sont angoissantes. Les chercheurs Bruce Greyson et Nancy Bush ont mis dix ans à réunir 50 cas de ce type. Sabom a finalement trouvé 2 cas dans son étude d'Atlanta. L'un d'eux était un suicidant qui avait vomi la dose fatale de médicament pendant l'EMI. Une constatation primordiale est que les personnes qui vivent une EMI consécutive à une tentative de suicide abandonnent toute idée suicidaire par la suite. Ceci est très significatif car la plupart de ceux qui font une EMI ne souhaitent pas particulièrement être ramenés à la vie. Et pourtant, perdre la peur de la mort semble signifier aussi perdre la peur de la vie. »

Cette observation est toutefois à nuancer par une étude de Phyllis Atwater, qui fait part de récidives, bien que rarissimes. On note également dans l'ouvrage du journaliste français Patrice van Eersel (*La Source noire*) le cas d'une personne qui a vécu une deuxième EMI après une tentative de suicide, sachant pertinemment que son geste allait à l'encontre des enseignements de sa première expérience. Après la seconde, toutefois, elle affirmait avoir « compris le message ». Il faut ici bien comprendre que les répercussions d'une EMI sont plus ou moins bien intégrées en fonction de l'équilibre psychologique de la personne avant son expérience. Il n'y a donc pas de règle qui vaille pour tous, certains se montrant incapables de reprendre une vie normale après avoir eu le sentiment de toucher à « l'Absolu ».

Seconde Naissance

La chercheuse suisse Sylvie Déthiollaz s'est penchée sur les répercussions psychologiques de l'EMI, sur la difficulté d'en intégrer les « enseignements », et aussi sur les vécus négatifs. Elle anime une structure d'accueil et d'écoute à Genève, le centre Noêsis : « Quand j'ai commencé à rencontrer des "expérienceurs" (témoins d'EMI) pour essayer de vérifier par moi-même ce que j'avais pu lire à droite à gauche, j'ai pu constater qu'effectivement, en général, ils affirmaient mieux apprécier la valeur de la vie, et retourner à des valeurs plus essentielles. » Ils ont également « le sentiment d'un renouveau personnel et de la quête d'un but.

Souvent ils parlent d'une seconde naissance ; ils expliquent ressentir une plus grande empathie et tolérance vis-à-vis des autres, ainsi qu'une plus grande confiance et estime d'eux-mêmes. » Autre élément notable selon Sylvie Déthiollaz, ils disent « éprouver une soif de connaissance. Souvent ils se mettent à lire énormément, et sur des sujets qui ne les intéressaient pas particulièrement par le passé. » Ils disent enfin « ressentir un réveil spirituel et un détachement des biens matériels », explique-t-elle. Et elle ajoute : « En général, la profondeur de ces changements va dépendre de la profondeur de l'expérience qui est vécue. Par contre, ce qui est quasiment constant, c'est qu'il s'ensuit presque toujours l'apparition d'une croyance en une survie, qui va entraîner la disparition de la peur de la mort. Et ça, c'est vraiment quelque chose de typique des EMI. » Sur ce point, relève-t-elle, il est assez frappant de constater que « même après une expérience relativement brève, avec peu d'éléments, les expérienceurs sont généralement totalement convaincus d'avoir fait une incursion dans une autre réalité, une autre dimension, dans laquelle une survie serait possible après la mort. La mort ne leur apparaît plus comme une fin mais comme une transition vers un autre plan de l'existence. Ce n'est pas une croyance, c'est vraiment une conviction intime très forte. Ce n'est pas « je crois » mais « je sais ». »

Psychanalyse accélérée

Ce point de vue est partagé par le psychiatre d'origine tchèque Stanislav Grof, pionnier de la psychologie transpersonnelle, qui en profite dans son livre *La Rencontre de l'Homme avec la Mort* pour adresser une pique bien sentie à la psychanalyse. Faisant référence aux expériences vécues par les suicidants du Golden Gate Bridge, il écrit : « Une expérience intérieure d'une durée de trois secondes engendrait donc des résultats que des années d'analyse freudienne n'auraient pu produire. »

Poursuivant son étude des répercussions psychologiques de l'EMI, Sylvie Déthiollaz note que les transformations de la personnalité peuvent aussi s'observer chez des personnes qui ont frôlé la mort mais sans vivre d'EMI. Toutefois, ces transformations auront alors tendance à s'estomper au bout d'un certain temps, et la nature première va peu à peu reprendre le dessus. Dans le cas des EMI, « ces changements vont au contraire s'affirmer, se consolider avec le temps », ce qui a été confirmé par l'étude du Dr Pim van Lommel.

Sabom a lui aussi observé que les témoins d'EMI avaient tendance à donner plus d'importance à leurs relations avec les autres. Via un questionnaire portant sur les transformations intervenues dans leur vie, ces personnes manifestaient typiquement une augmentation de la foi, de leur compréhension du sens de la vie, de leur capacité à aimer, et de leur engagement envers la famille. Autant de manifestations significativement plus marquées que chez les personnes n'ayant pas vécu d'EMI.

Sylvie Déthiollaz explique de son côté que les changements de valeurs ou de vision du monde ne permettent pas toujours de parler d'une réelle « transformation de la personne ». On a eu tendance dans un premier temps à idéaliser ces expériences et voir dans ces témoins de nouveaux messagers de la paix et de l'amour inconditionnel. Certains se sont d'ailleurs pris véritablement pour des « élus ». Malheureusement, s'il est vrai que certaines personnalités solides et bien équilibrées sont capables à l'issue de leur expérience d'en communiquer l'essentiel – les valeurs centrales d'amour et de compassion – sans pour autant se poser en « gourous », beaucoup de témoins en ressortent aussi fragilisés et perturbés. Selon Sylvie Déthiollaz, « l'EMI représente un point de rupture. Il y a un “avant” et un “après”, et cette transition sera plus ou moins bien vécue selon la personnalité et le profil psychologique de l’expérienceur. Dans beaucoup de cas, il faut avouer que l’expérience représente un réel traumatisme dans la mesure où la personne n’arrive pas à reprendre le cours normal de sa vie, en y intégrant cette expérience. » En effet, le témoin se retrouve avant tout face à la difficulté majeure d’exprimer, et d’intégrer, un vécu auquel il attribue des qualités qui lui valent encore une étiquette de « délirant » dans le cadre du modèle dominant. Revenu à son quotidien, il peut se radicaliser et constater éventuellement qu’il ne pourra retrouver un peu de cette paix intérieure qu’au prix d’un certain nombre de ruptures, souvent avec l’activité professionnelle, les valeurs, les croyances et les convictions, mais aussi avec l’entourage, les amis, la famille… Ainsi, les cas de divorces consécutifs à une EMI ne sont pas rares.

EMI Négatives

Concernant les EMI dites « négatives », plusieurs chercheurs s’accordent sur des estimations de l’ordre de 4 à 5 % de l’ensemble des EMI. Cette proportion pourrait toutefois être sous-estimée car il s'agit là de vécus souvent culpabilisants, et de ce fait probablement sous-déclarés. En outre, selon le cardiologue Maurice Rawlings, les EMI négatives seraient bien plus fréquentes qu'on ne le croit généralement mais elles ne seraient pas mémorisées par le sujet car elles sont trop effrayantes et sont donc « scotomisées ». Il fonde notamment son analyse sur le cas d'un patient qu'il réanimait à la suite d'une crise cardiaque survenue lors d'un test d'effort, et qui le suppliait de le « sortir de l'enfer » à chaque fois qu'il reprenait conscience ! Mais une fois réanimé complètement, il ne se souvenait que d'aspects agréables, dont une rencontre dans la lumière avec sa mère décédée. Médecin militaire athée à l'origine, Rawlings est ensuite devenu un chrétien convaincu et même prosélyte, ce qui ne donne toutefois aucun crédit scientifique à ses observations souvent radicales, puisqu'il n'est pas avare de jugements de valeur sur ce que doit être une existence juste au regard de la Bible. Ainsi, lorsqu'il affirme que peut-être 50 % des EMI sont négatives, il ne s'appuie sur aucune étude sérieuse et ne fait qu'avancer des convictions.

Un chercheur allemand, Michael Schröter-Kunhardt, a lui aussi estimé que les EMI négatives sont fréquentes au point de représenter jusqu'à 20 % du total des expériences rapportées, si l'on compte celles qui comportent au moins quelques éléments négatifs ou effrayants. Ceci n'est pas surprenant car on sait que des épisodes revécus lors de la « revue de vie » prennent aisément une dimension effrayante quand le sujet réalise les conséquences de certains de ses actes. Cette évaluation est donc plus sérieuse que celle de Rawlings, puisqu'il est reconnu par d'autres chercheurs que les EMI peuvent comporter des éléments inspirant la crainte ou même la frayeur, et être finalement intégrées après coup de façon positive. Sylvie Déthiollaz cite des cas de ce type et explique également qu'une EMI vécue négativement peut elle aussi conduire à des changements positifs à terme pour la personne.

Projections de l'Inconscient ?

Elle mentionne notamment le cas d'une femme atteinte d'un cancer en phase terminale, et qui, au cours de son EMI, s'est retrouvée dans le tunnel, « face à des masques effrayants, des masques gigantesques qui lui barraient le chemin. Elle s'est rendu compte que plus elle avait peur et plus elle cherchait à éviter ces masques et à s'en détourner, plus les masques prenaient de l'importance, étaient hideux et lui bloquaient le passage. Et ce qui est intéressant dans son cas, c'est qu'elle a compris non pas ultérieurement mais sur le moment, que les masques symbolisaient sa propre peur, il lui fallait donc affronter celle-ci, ce qu'elle n'avait peut-être jamais fait dans sa vie. Et elle a décidé de regarder ces masques en face, et une fois qu'elle l'a fait, peu à peu ces masques ont perdu de leur importance et ont finalement disparu. Elle a pu continuer son chemin et son expérience a été très belle par la suite, donc ce n'était pas une expérience négative. » On retrouve là une caractéristique de l'EMI, que l'on peut appeler la « projection symbolique » de ses attentes, de ses peurs et de ses fantasmes, bref, de ce qui compose l'inconscient au sens freudien. Il est en tout cas indéniable qu'au moins une partie du contenu de l'expérience est « subjective », c'est-à-dire qu'elle dépend du sujet. Ainsi, des études (Osis et Haraldson notamment) ont montré que les EMI vécues par exemple par des hindous comportaient des figures ou divinités de l'hindouisme, alors que celles des chrétiens peuvent faire intervenir des « anges » ou même « Jésus ».

Dans une synthèse des travaux sur l'EMI négative, Sylvie Déthiollaz explique que les chercheurs, en particulier Bruce Greyson, les ont classées en trois catégories. « La première ce sont les expériences infernales. Ce sont des expériences qui sont à l'opposé de l'expérience positive, de manière très schématique car deux expériences ne sont jamais identiques. Par exemple la personne va descendre dans un endroit sombre où il y a des milliers de personnes qui croupissent, qui souffrent, qui hurlent, qui ont mal, qui ont soif… Il peut y avoir des flammes, parfois des entités démoniaques, donc quelque chose qui est très proche de notre vision classique de l'enfer. » La deuxième catégorie est constituée de ce qu'on appelle des expériences dénuées de sens : « L'expérienceur se retrouve dans le vide, une sorte de néant, complètement seul et pour l'éternité, ce qui va déclencher un sentiment de terreur tout à fait compréhensible. Et puis parfois il y a des formes qui apparaissent. Ce sont quasiment toujours des formes géométriques dont il se dégage un sentiment d'ironie (…) » Troisième catégorie, il s'agit des expériences dites « inversées » : « Ce sont des expériences qui commencent comme des expériences positives mais elles sont ressenties négativement par l'expérienceur. »

Sylvie Déthiollaz mentionne l'exemple d'une femme qui avait vu la lumière lors d'une EMI vécue à l'âge de 8 ans et l'avait perçue comme agressive, venant prendre possession d'elle, alors qu'elle la décrivait de la même façon que d'autres témoins, à savoir très brillante et très puissante. Certains témoins parlent d'une lumière « cotonneuse », perçue positivement, alors que cette femme la décrivait comme « laiteuse », ce qu'elle ressentait comme répugnant.

Sur ce sujet, le récit de Nine Laügt dans *La Porte blanche* (réédition de *Ma Mort et puis après* sous le pseudonyme de Lyne Léon) est également édifiant. Nine a vécu une EMI dans laquelle des éléments infernaux se mêlent à des sensations lumineuses et même « extatiques ». Elle décrit des « bêtes », qui grouillent et veulent l'emporter, puis une odeur nauséabonde, la notion de chute, etc.

Pouvoir thérapeutique

L'erreur serait de s'arrêter à ces projections pour ne voir dans l'EMI qu'une hallucination. D'autres éléments que ceux déjà évoqués incitent en effet à penser que les choses sont un peu plus complexes et subtiles que cela. Les « invariants » identifiés par Moody constitueraient une trame commune, alors que « l'habillage » de l'expérience serait apporté par le vécu, la culture et les expériences personnelles du témoin. Quoi qu'il en soit, Sylvie Déthiollaz s'est intéressée aussi au « pouvoir thérapeutique » de l'EMI pour celui qui la vit, et elle illustre justement ce pouvoir à l'aide de l'exemple mentionné plus haut. En acceptant de se confronter à ses propres peurs, apparaissant sous forme de masques, cette femme souffrant d'un cancer a été conduite à accepter sa condition et sa maladie, comme résultant de son attitude résignée et passive dans la vie, au point qu'elle a guéri de son cancer en changeant cette attitude. Sylvie Déthiollaz explique que cette femme a eu, grâce à son EMI, un déclic : « À son réveil, elle avait compris qu'en fin de compte si elle en était arrivée là c'était en partie à cause d'elle, qu'elle en était peut-être responsable et qu'elle seule pouvait reprendre le contrôle de sa vie si elle le décidait. Elle sentait en elle cette force de s'en sortir, à partir de là, si elle décidait de le faire. C'est donc ce qu'elle a fait et elle a rapidement guéri. » Un deuxième cas de guérison spectaculaire d'un cancer en phase terminale est illustré par une femme dont les médecins s'attendaient à ce qu'elle ne passe même pas la nuit. En effet elle ne pouvait plus ni manger, ni parler, ni bouger. Pourtant, elle a vécu une EMI très simple, qui a essentiellement consisté en une « immersion » dans la lumière. « Il n'y a pas eu de rencontre avec des personnes décédées, explique Sylvie Déthiollaz. Ni d'entités ou d'être lumineux, pas de communication télépathique ni de message, simplement ce bain de lumière. Quand elle s'est réveillée, elle avait déjà la force de se redresser et d'essayer de communiquer aux personnes qui étaient autour d'elle ce qu'elle avait vécu. Effectivement, très rapidement elle a guéri, comme si ce bain de lumière avait donné la force à ses cellules de guérir. »

Dans d'autres cas, l'EMI fait office de psychanalyse accélérée, comme l'évoquait de son côté Stanislav Grof, parce que la personne, notamment dans l'épisode de la « revue de vie », peut comprendre l'origine d'une souffrance à travers le « revécu » d'un traumatisme très ancien, parfois oublié. D'autres ont pu faire un travail de deuil qui n'avait pu être fait pour différentes raisons, en rencontrant des proches disparus « dans la lumière », et surmonter eux aussi un blocage à l'origine d'une souffrance. Même chose avec la résolution de conflits qui n'avaient pu être levés avant le décès d'un parent ou un proche.

Leçons de la Lumière

Le psychologue Kenneth Ring s'est lui aussi intéressé à ce pouvoir thérapeutique de l'EMI, cette fois non seulement pour le témoin mais aussi pour tout un chacun qui accepte de se pencher sérieusement sur ces récits. Dans son livre publié en 1998 avec Evelyne Elsaesser-Valarino, intitulé *Lessons from the Light, What we can learn from the NDE* (*Leçons de la lumière, Ce que nous pouvons apprendre des EMI*), plusieurs pages sont consacrées à l'épisode de la « revue de vie », car c'est l'élément le plus important en tant que guide pour ceux qui n'ont pas vécu l'expérience eux-mêmes. Selon Ring, il est le levier des transformations, non seulement parce qu'il est une révélation personnelle et celle de principes universels, mais aussi et surtout parce qu'il guérit du passé. Il évoque notamment la notion de « revécu empathique », avec l'exemple d'un témoin qui a revécu une scène au cours de laquelle il s'était battu avec un automobiliste et l'avait laissé inanimé au milieu de la route. Dans son EMI, il s'est retrouvé à la place de sa victime et a reçu les trente-deux coups qu'il lui avait alors infligés. On peut imaginer ce que les grands criminels doivent endurer lors de cette phase, souligne Ring. Mais il avait aussi la double perspective, c'est-à-dire qu'une partie de lui revivait la scène et une autre l'observait depuis un point de vue élevé.

Dans un autre cas, la personne a revécu les instant où elle a jugé quelqu'un d'autre. Elle a revécu d'abord la scène de son point de vue personnel, puis du point de vue de la personne jugée, puis elle est revenue à ses propres sentiments, en l'occurrence la honte et le remord. La même personne raconte qu'elle a revu un épisode où elle avait dérobé à sa petite sœur son panier de Pâques qui contenait un jouet qu'elle désirait. Elle a alors ressenti les sentiments de sa sœur : la déception, la perte, le rejet. Dans sa revue de vie, elle explique : « J'étais la personne à qui je faisais du mal, et j'étais la personne que j'aidais à se sentir bien. »

Humour et Compréhension plutôt que Jugement

Ring en tire un nouveau regard sur la « règle d'or » mentionnée dans la plupart des religions, à savoir en substance « Ne fais pas à autrui ce que tu ne voudrais pas qu'on te fasse », et qu'on appelle aussi « éthique de réciprocité ». Comprise comme un simple guide moral, cette injonction prend dans la revue de vie une dimension réaliste et « matérielle ». Aux yeux du témoin, elle décrit une simple réalité et non une conviction intellectuelle ou un credo religieux. Dans son ouvrage, Ring va jusqu'à proposer des exercices pratiques pour bénéficier de cet enseignement, et notamment : lire des témoignages de bilan de vie et écrire ce qu'ils nous inspirent par rapport à notre propre vie. On peut aussi partager ces réflexions en groupe, se mettre à la place des autres avant de faire quoi que ce soit, ou encore évaluer sa journée au moment de s'endormir, etc. Il est important de souligner que la « revue de vie » ne s'accompagne pas des notions de jugement ni de condamnation, mais qu'il s'agit pour le témoin d'une relecture et d'une compréhension de ses actes dans l'amour et la compassion. Et souvent aussi dans l'humour, car certains parcours peuvent être « chargés » émotionnellement au point qu'ils sont très difficiles à revivre. L'humour est présent pour apporter une distance et en quelque sorte dédramatiser les erreurs qui ont pu être commises. Ring en conclut que la revue de vie est d'une certaine manière le « prix à payer » pour entrer dans la lumière. Le pouvoir thérapeutique des récits d'EMI est à ce point efficace qu'il est utilisé par des soignants pour prévenir les tendances suicidaires de leurs patients. C'est le cas notamment d'Engelbert Winkler en Autriche, qui travaille avec des enfants dépressifs. Mais on l'a aussi utilisé pour « pacifier » des patients en fin de vie, dans des structures de soins palliatifs, avec des malades du sida, etc. Ring recommande toutefois de ne pas agir sans discrimination. Une étude américaine a montré que 63 % des infirmières s'occupant de patients en fin de vie ont été confrontées au moins une fois à un patient ayant eu une EMI. Une autre étude conduite par le Dr Pamela Kircher évalue à 73 % les membres du personnel soignants de ces structures qui ont entendu un récit d'EMI de la part de patients.

Une Conscience Indépendante du Corps ?

D'autres aspects du livre de Ring présentent un intérêt qui n'a pas échappé à Evelyne-Sarah Mercier, celle-ci en a fait la critique dans les Cahiers de IANDS-France. Cette dernière, anthropologue et économiste de formation initiale, est en effet la présidente fondatrice de l'antenne française de l'association IANDS, qu'elle a lancée en 1987. Elle a effectué un travail considérable depuis cette date, sur le terrain des sciences humaines, et aussi en tant que coordinatrice d'un ouvrage collectif paru en 1992 sous le titre *La Mort transfigurée*. Dans son article consacré à *Lessons from the Light*, Evelyne-Sarah Mercier met notamment l'accent sur le « graal » de la recherche sur les EMI, c'est-à-dire la « preuve » des perceptions hors du corps. Ce type de perceptions est attesté par de nombreuses anecdotes, avec des cas confirmés par des médecins, infirmières ou des proches du témoin – nous en verrons quelques-uns plus loin – mais elles n'ont jamais pu être établies dans des conditions de contrôle qui puissent satisfaire aussi bien un chercheur sérieux qu'un sceptique convaincu, étant entendu qu'un bon chercheur doit être sceptique dans le vrai sens du terme, c'est-à-dire non-crédule et adepte du doute critique. À l'heure actuelle, plusieurs programmes de recherche sont en cours pour tenter d'établir une fois pour toute la réalité de ce type de perception, mais nous verrons avec Jean-Pierre Jourdan, médecin et vice-président de IANDS-France, que les protocoles utilisés pour traquer cette preuve ne sont peut-être pas aussi bien conçus qu'ils semblent l'être.

À propos de *Lessons*, Evelyne-Sarah Mercier écrivait donc : « Toutes ces expériences sont convaincantes dans leur force émotionnelle, dans leurs convergences structurelles qui en font un phénomène subjectif-objectif, tout comme dans leurs effets positifs de long terme qui les rendent différentes d'hallucinations pathologiques, mais elles sont insuffisantes en soi pour valider l'hypothèse d'une conscience indépendante du corps. C'est la décorporation et ses perceptions objectives qui pourraient seules en témoigner. Logiquement donc, Kenneth Ring consacre le chapitre suivant (basé sur un article publié avec Madelaine Lawrence dans le *Journal of Near-Death Studies* en 1993) à ces observations. Car, dit-il, pour un non-NDEr («expérienceur»), la réalité de la NDE est un argument de poids qui engagerait à en suivre les enseignements. Kenneth Ring rapporte d'abord plusieurs expériences de perceptions impossibles à partir de la position du corps physique dans la salle d'opération. Mais tout ceci ne serait pas suffisant pour un sceptique. La perception d'objets inhabituels et imprévisibles hors de la salle où se tient le sujet, impossibles à voir avant, et contrôlée après par un témoin objectif, est seule susceptible d'apporter cette preuve que nous recherchons tous. Or Kenneth Ring n'en a trouvé que deux et sans interview directe du témoin. En vingt ans de recherche aux États-Unis, c'est très peu et c'est dire la difficulté de documenter cet aspect de la NDE.»

Nous reviendrons sur ce point central pour voir qu'il existe des cas qui sont bien documentés mais la difficulté est d'en obtenir un dans un cadre entièrement contrôlé, pour qu'il soit irréfutable. Or, les EMI ne se produisent pas à la demande et les expériences «hors du corps» sont très difficiles à contrôler de la part de ceux qui se disent capables d'en provoquer par l'induction d'une transe.

EMI d'Enfants

Autre aspect traité dans le livre de Ring, les EMI d'enfants. Ces témoignages posent un problème particulier à ceux qui cherchent à tout prix à discréditer le phénomène EMI, car on ne peut pas soupçonner les enfants d'être influencés par une religion, un bagage culturel, ou un autre effet de leur environnement, surtout lorsqu'ils rapportent des expériences survenues avant même l'âge de parler, et qui sont donc verbalisées quelques mois ou années plus tard. Après avoir souligné le travail de précurseur du pédiatre Melvin Morse dans ce domaine, Kenneth Ring cite donc quelques cas d'EMI chez des enfants âgés de 2 ans à 9 mois. D'autres cas qu'il mentionne laissent à penser que des EMI pourraient se produire et être mémorisées dès l'âge de 6 mois ou même 6 semaines. Ses observations confirment d'autres recherches qui montrent que les EMI d'enfants sont plus simples, comme plus naturelles, « ce qui se conçoit assez bien, souligne Evelyne-Sarah Mercier, car le poids de la culture doit moins jouer dans l'appréciation du caractère extraordinaire de l'expérience. »

On peut également citer sur ce thème les propos du Dr Sam Parnia, médecin britannique spécialiste en soins intensifs, en médecine interne et respiratoire. Lors du colloque de Martigues en juin 2006, celui-ci a mentionné les témoignages d'EMI d'enfants qu'il avait pu recueillir personnellement, et il a fait le commentaire suivant : « L'aspect le plus intéressant est souvent les récits d'enfants, qui sont trop jeunes pour avoir des notions de mort ou de vie après la vie. J'ai rencontré des enfants qui avaient fait ce type d'expérience avant même l'âge de 3 ans. J'ai ici le dessin d'un enfant ; il avait fait un arrêt cardiaque et les ambulanciers ont essayé de le réanimer, ils l'ont amené à l'unité de soins intensifs, et quand il est rentré chez lui il a commencé à raconter cela, en jouant, par petits bouts. Et ses parents ont remarqué qu'il faisait toujours le même type de dessin en grandissant. Il a dit « quand on meurt on voit une lumière très brillante, on est relié par un cordon ». Alors je lui ai parlé quelques années plus tard et il m'a fait un autre dessin. Le soleil a l'air un peu triste. Peut-être qu'il ne m'aimait pas, mais il s'est dessiné comme s'il se voyait d'au-dessus. »

Restons dans ce registre avec un récit rapporté par Xavier Rodier, qui a lui-même vécu une EMI et, de par sa formation d'infirmier spécialisé en puériculture, s'est intéressé de très près aux EMI d'enfants. Il a également consacré un mémoire au rôle de l'infirmier face aux récits d'EMI. Il raconte l'histoire d'un enfant de 2 ans et demi qui s'est fait renverser par une voiture et a été projeté à une dizaine de mètres. L'enfant a survécu et en a reparlé quelques mois plus tard en disant qu'il se souvenait avoir traversé la route, qu'une voiture l'avait heurté à l'épaule, qu'il s'était retrouvé à « voler » au-dessus de la scène, qu'il avait vu son père courir, sa mère se mettre à pleurer, etc.

Par-delà la Lumière ?

Selon Evelyne-Sarah Mercier, les éléments les plus intéressants de l'ouvrage de Ring se trouvent dans les derniers chapitres. Il met en garde contre « la tentation de se faire une image trop précise de l'au-delà, souligne-t-elle. D'une part, parce que les détails de ce voyage sont sujets à de telles variations qu'il serait présomptueux de statuer sur la forme qu'il prendra pour un individu particulier. (...) D'autre part, l'expérience se situe bien au-delà de tout discours ou de toute image, donc tenter de concevoir l'après-vie dans ses détails risque de transformer l'expérience en quelque chose de trop littéral, trop banal ou de trop stéréotypé au niveau de l'imagerie. » En outre, « on ne peut affirmer que l'amour sans jugement de la Lumière signifie que tous les comportements se valent et que tout est permis. Au contraire, la NDE enseigne que ce que nous sommes à ce moment-là conditionne le scénario qui sera le nôtre dans notre après-vie. (...) Notre après-vie ne sera pas seulement ce que nous sommes dans notre essence, mais aussi ce que nous avons fait de notre vie, ce qui peut être douloureux. » Enfin, Ring introduit la possibilité d'autres étapes se situant après celle de la Lumière, en évoquant des cas rares qui ont en commun, explique Evelyne-Sarah Mercier, « l'atteinte d'une sorte d'état ultime, de l'arrivée à la source, comme un soleil central, avec des visions de galaxies, une expérience d'omniscience et la mention d'un Vide fondamental. » On rejoint là les récits des grands mystiques de l'Histoire comme Jean de la Croix ou Thérèse d'Avila. Décrire les EMI est difficile, expliquent souvent les témoins, car notre vocabulaire n'est pas adapté à ce qui est ressenti pendant l'expérience. Mais quand on est allé au-delà du concevable, il n'y a par définition pas de mots ni de concepts pour essayer de le transmettre. Entre l'inévitable trahison et la nécessité de témoigner, l'hésitation est grande et le travail de l'écoutant primordial.

EMI d'Aveugles

L'année suivante en 1999, Kenneth Ring publie un livre avec Sharon Cooper dans lequel il présente une étude de 1997 sur les EMI vécues par des personnes aveugles : *Mindsight* (littéralement *Vue de l'Esprit*). Le livre et l'étude en question suscitent un grand intérêt dans le milieu de la recherche car Ring rapporte que des aveugles de naissance ont des perceptions du monde matériel au cours de leur EMI. Il précisera cependant dans une interview qu'il s'agit « d'impressions visuelles qui tendent à être évanescentes et fugaces, comme des photographies prises en état de grande distraction. » Certains les ont même ressenties comme « effrayantes ». De fait, rien de suffisamment probant ne permet de corroborer les « observations » du monde réel faites par les aveugles. En revanche, les perceptions qu'ils ont du monde « transcendantal » au cours de l'EMI « tendent à être claires et étonnamment distinctes, explique-t-il, bien que les visions rapportées soient tellement au-delà de tout ce que l'on peut connaître dans ce monde. Je me rappelle notamment trois de mes interlocuteurs qui ont dit, à peu près avec ces mots : "C'était exactement comme c'est supposé être." Quelques-unes de ces personnes étaient réellement surprises (et au moins une amèrement déçue) de ne plus être capables de voir une fois revenues à la conscience dans ce monde. Mon interprétation de tout cela est que “voir” (ou, plus précisément, “appréhender”) dans le monde transcendantal est direct, immédiat et, apparemment, non-appris. Cela semble être ce que nous avons toujours connu, comme si c'était un souvenir. Comment expliquer autrement qu'une personne aveugle de naissance, qui n'a aucun passé de vision, ni même de concept de ce qu'est “voir”, puisse décrire ces expériences dans un langage visuel qu'on ne rencontre d'ordinaire que chez les personnes voyantes ? »

Nous verrons avec les recherches de Jean-Pierre Jourdan que la « vision » au cours de l'EMI tient beaucoup plus en effet du ressenti que de la perception proprement dite, ce qui tendrait à accréditer la possibilité que les aveugles y aient également accès. À propos d'un cas rapporté par Ring, Mario Beauregard fait d'ailleurs le commentaire suivant : « Vicki Umipeg, une femme de 45 ans, est née aveugle après que son nerf optique ait été entièrement détruit à la naissance à cause d'un excès d'oxygène dans la couveuse. Pourtant, hormis l'impossibilité de distinguer les couleurs, l'EMI de Vicki s'est déroulée de la même façon que pour une personne voyante. Bien que cela semble surprenant, il faut noter que les aveugles de naissance sont souvent capables de distinguer le monde qui les entoure avec beaucoup d'acuité par l'intermédiaire du toucher au lieu de la vue. Ils ne peuvent percevoir les couleurs (comme ce fut le cas pour Vicki), les arrière-plans ou les changements de positions des objets, mais dans le cadre de ces limitations, leur connaissance de l'environnement est précise. »

Dans un article consacré à cette étude de Ring et Cooper, Evelyne-Sarah Mercier rappelle de son côté que ce travail vient compléter, et confirmer dans une large mesure, des observations déjà réalisées par Elisabeth Kübler-Ross en 1984 et présentées dans un chapitre de son livre *La Mort est un Nouveau Soleil*, mais aussi par Raymond Moody en 1988 qui cite le cas d'une femme de 70 ans, devenue aveugle à 18 ans, et qui décrivit en détail des instruments médicaux qui n'existaient pas 50 ans auparavant.

Vers Oméga ?

Dans *Mindsight*, Ring revient également sur une thèse qu'il a défendu quelques années auparavant dans un livre traduit en français sous le titre « *En route vers Oméga* », et dans lequel il défendait l'idée que les témoins d'EMI étaient des sortes de mutants qui allaient conduire l'humanité vers une forme de « conscience supérieure ». En pleine vague « new-age », ce genre d'idées avait rencontré un certain écho, mais les chercheurs les plus sérieux y étaient bien entendu parfaitement hermétiques. Ring s'en est expliqué dans un article paru en 2000 dans le *Journal of Near-Death Studies* et dans une interview accordée aux Cahiers de Iands-France : « Mon point de vue a radicalement changé à plusieurs égards depuis que j'ai publié *En route vers Oméga*. J'ai notamment renoncé à ma précédente hypothèse à propos des NDE conduisant à « Oméga » ou bien ailleurs. Je ne pense plus, et depuis des années maintenant, que les expérienceurs sont une sorte d'avant-garde qui nous entraîne vers la gloire de la conscience supérieure. Je ne nierai pas que les NDE elles-mêmes puissent être des expériences qui transforment ceux qui les vivent, mais je ne pense pas que de tels changements vont affecter le reste de l'humanité à la manière d'une traînée de poudre. (...) En second lieu, la lecture de certains livres (Campion, Grosso, Perry, Hastings) m'a persuadé que la vision d'une humanité transformée, brillant comme une promesse dorée juste au-dessus de l'époque historique actuelle, a dupé l'humanité, comme un mirage qui s'estompe sans cesse, pratiquement depuis ses origines. » Ring se disculpe ensuite avec humour de ce qu'il appelle une « erreur de jeunesse » – faisant référence à l'excuse avancée par Bill Clinton à propos de son comportement avec une certaine stagiaire –, en reconnaissant qu'il avait 45 ans à l'époque où il a défendu cette thèse, ce qui n'est plus tout à fait l'âge d'un jeune homme.

L'idée que les témoins d'EMI soient des « mutants » appelés à conduire l'humanité vers la réalisation d'un paradis terrestre, comme dans les prophéties millénaristes, est certainement excessive. Mais qu'ils soient les passeurs d'un message essentiel pour leur contemporains, peut-être à même d'infléchir la marche vers l'abîme dans laquelle nous semblons engagés, cela ne fait aucun doute. Je citerai ici l'exemple de Michèle Lazès, ancienne danseuse étoile de l'opéra, puis chorégraphe reconnue, qui est devenue à la suite de son EMI une sculptrice réputée – sous le nom d'artiste de Malka – et également une formatrice en art-analyse transpersonnelle, une méthode qu'elle a elle-même mise au point pour transmettre ce qu'elle a reçu de la lumière : un enseignement sans pareil qui révèle le vrai soi enfoui en chacun, fait éclater la gangue qui l'emprisonne, et transforme l'individu comme l'alchimie transforme le plomb en or… Elle raconte les répercussions étonnantes de son expérience dans un livre à paraître en 2008.

Paranormalité

Dans ses études et ses livres, Ring s'est également intéressé de près aux aspects « paranormaux » des EMI. Bien sûr, beaucoup considèrent l'EMI elle-même comme un phénomène paranormal et la rejettent justement à ce titre. Mais il s'agit plus ici d'évoquer des capacités psychiques qui se manifestent après l'EMI. Certaines s'imposent au témoin lorsqu'il « reprend une activité normale », comme dirait une certaine marionnette guignolesque, puis s'estompent avec le temps. Ce fut le cas de Nine Laügt (*La Porte blanche*) qui a réalisé avec horreur qu'elle était devenue capable de savoir quand allaient mourir les personnes se trouvant en face d'elle, lorsque cette mort était elle aussi imminente ou en tout cas assez proche. Leur dire, ne pas leur dire… elle voyait un « masque de mort » se superposer au visage de son interlocuteur.

Plus classiques sont les capacités de guérison, ou de « magnétisme ». Ring en parle dans *Lessons From the Light*, comme le relève Evelyne-Sarah

Mercier : « Les dons de guérisons acquis sont aussi examinés. Les chiffres de différentes études établissent cet effet de la NDE. Kenneth Ring relie ces dons au syndrome de sensibilité à l'électricité et à l'immersion dans la Lumière d'où viendrait cette force de guérison et dont les témoins de NDE seraient devenus les intermédiaires. Il attribue à la même source les guérisons miraculeuses des NDErs (« expérienceurs ») qui ont étonné le corps médical et dont certaines ont été annoncées au témoin alors qu'il était dans la Lumière. Cette capacité de guérison psychique, voire physique, grâce à la rencontre avec la Lumière, remarque Kenneth Ring, peut également se produire dans des cas de désespoir profond, ou même simplement par la lecture de récits de NDE. »

De son côté, Sylvie Déthiollaz évoque également cette apparition de « facultés paranormales », qui peuvent être « des visions, de la clairvoyance, des prémonitions, une sorte de sixième sens qui se développe, beaucoup de phénomènes de télépathie et des dons de guérison. »

Phénomènes Psi

Dans un article paru en 1983 dans la revue de psychiatrie *Theta*, Bruce Greyson s'est lui aussi penché sur cette question. Il mentionne en préalable une enquête de Richard Kohr en 1982 qui a examiné la relation entre EMI et phénomènes paranormaux consécutifs à celle-ci. À partir d'un échantillon de 547 personnes, Kohr a en effet observé que les personnes ayant frôlé la mort et vécu une EMI tendaient à rapporter plus de manifestations « psi » – de type perception extrasensorielle (télépathie, précognition, rêves prémonitoires…) ou psychokinèse (action sur la matière dont capacités de guérison, déplacements d'objets…) –, que ceux ayant frôlé la mort mais sans avoir vécu d'EMI, ou ceux n'ayant pas frôlé la mort. Ces observations amenaient les auteurs à trois hypothèses : les EMI auraient tendance à se produire chez des individus ayant *au préalable* une sensibilité au psi ; les EMI conduiraient les individus à s'intéresser de plus près au psi, et dès lors à sur-déclarer de telles manifestations ; ou bien les EMI augmentent en effet les capacités psi des individus. C'est pour tenter de départager ces hypothèses que Greyson a réalisé sa propre étude sur 69 personnes, 40 femmes et 30 hommes, tous témoins d'EMI. Il en est ressorti que la fréquence des expériences de perception extrasensorielle spontanée vécues à l'état d'éveil était significativement plus élevée après l'EMI qu'avant, ce qui n'était pas le cas pour les autres expériences psi (PES provoquée, rêves prémonitoires, psychokinèse). Le nombre moyen de types d'expériences différentes vécues était également plus élevé après l'EMI. Pour les expériences « liées » au psi, comme les sorties hors du corps, les visions, la perception « d'auras », là aussi la fréquence rapportée était significativement supérieure après l'EMI. Pour trois autres types d'expérience – communications apparentes avec des défunts, souvenirs apparents de vie antérieure, impressions de déjà-vu –, la fréquence n'était pas supérieure. Le nombre d'expériences différentes vécues après l'EMI était également plus important qu'avant. D'autres manifestations connexes étaient significativement plus fréquentes après l'EMI comme les expériences spirituelles ou mystiques et les rêves lucides. Greyson conclut de l'analyse de ces données que la troisième hypothèse évoquée dans l'enquête de Kohr est plus probable que les deux autres. Il émet à son tour l'hypothèse que les témoins d'EMI sont davantage capables d'entrer en contact avec des capacités latentes en eux, ou avec un autre « niveau de réalité ». Une autre hypothèse est que ces sujets deviennent beaucoup plus conscients de capacités qu'ils ont en fait toujours possédées. Greyson précise cependant que son étude ne fait qu'établir des corrélations et ne permet pas de conclure quant à une relation de causalité directe ; il n'exclut pas non plus la possibilité de biais dans les déclarations des témoins.

La Plaque sous la Table d'Opération

On l'a vu avec les témoignages de la première partie de ce livre, c'est bien dans le contenu de l'EMI elle-même que l'on trouve des éléments déjà extraordinaires à tous égards. La preuve de l'indépendance de la conscience n'est pas apportée, ni a fortiori celle de sa survie à la mort physique. Mais on peut aussi se forger des convictions sans attendre des preuves incontestables au plan scientifique. L'un de ceux qui recherche cette preuve n'en est pas moins persuadé de la réalité du phénomène et de ses implications au plan métaphysique. Sam Parnia a ainsi montré que ceux qui refusent de prendre au sérieux ces phénomènes en l'absence de ce qui serait à leurs yeux une preuve définitive, et n'y voient en attendant que des « hallucinations », ont en fait une attitude irrationnelle. « Les EMI sont-elles réelles ou sont-elles des hallucinations ?, interroge-t-il. Qu'est-ce qui est réel, comment le définissons-nous ? L'amour maternel est-il réel, comment le définir ? Si l'on étudie le cerveau, pour chaque sensation que nous avons, chaque sentiment, on peut identifier des groupes de cellules du cerveau qui sont activées. Par exemple, l'amour maternel. Si vous prenez une mère et que vous stimulez ces zones-là de manière artificielle, elle va continuer à ressentir cet amour maternel. Mais ce n'est pas parce qu'on a identifié ces groupes qui sont activés que l'amour maternel est une hallucination et n'a pas de réalité, n'est-ce pas ? »

Nous l'avons vu également, les chercheurs ont commencé à prendre les récits d'EMI au sérieux quand ils ont constaté les profonds changements qu'elles induisaient dans le comportement et le système de valeurs des témoins. Mais plusieurs anecdotes sont venues titiller leur curiosité, en particulier les cas où des témoins ont pu voir certaines choses alors qu'ils se trouvaient hors de leur corps, et que ces perceptions ont ensuite pu être confirmées par des tiers. Comme il ne se trouvait pas d'huissier sur place à ces moments précis, ces anecdotes ne sont pas des preuves. Néanmoins, sauf à mettre en doute la parole de nombreuses personnes, y compris des professionnels de santé reconnus pour leur sérieux, nombre d'entre elles sont plus que troublantes. Un des cas les plus fameux parmi les témoins français est celui de

Jean Morzelle, qui a raconté son expérience à moult reprises, et notamment dans son dernier livre en date, *Tout commence après*. Le 9 juin 1949, à l'issue d'un exercice militaire et alors qu'il manipule plusieurs fusils, une balle (à blanc, mais en bois à l'époque) le blesse grièvement à la poitrine. Il sombre alors dans l'inconscience pendant qu'on l'emmène à Toulouse pour y être opéré en urgence. Quand il reprend pleinement conscience, il constate qu'il « flotte » près du plafond d'une salle d'opération, et « un corps » se trouve sous lui, allongé sur une table. Âgé de seulement 20 ans, Jean Morzelle ne comprend pas qu'il s'agit de son corps que les médecins essaient de sauver. Il les voit s'affairer autour de la table et réalise qu'il peut « zoomer » instantanément sur des détails : le gant de latex du chirurgien, la lame du scalpel, etc. Sans avoir à se déplacer, il observe depuis ce point de vue « dans toutes les directions à la fois », ou bien « depuis des angles différents », et même au travers des objets. Ainsi, son attention se porte sur une plaque métallique fixée *sous* la table d'opération, qui est elle-même recouverte d'un drap. Il lit sur cette plaque la mention « Armes et Cycles de Saint-Étienne », en lettres blanches sur fond vert. Puis il décide de s'approcher d'un des murs de la salle et, sans effort, il le « traverse », ressentant la texture des briques et des galets de Garonne. Il se retrouve alors à l'extérieur et remarque un garage à vélos situé en contrebas du mur. L'expérience se poursuit et Jean sera finalement sauvé alors qu'il fut annoncé mort à sa famille entre-temps. Mais quand il décrit plus tard à son chirurgien la plaque qu'il a vue sous la table d'opération, ce dernier s'en va vérifier, interloqué, puis revient tout ému en disant : « Elle est exactement comme vous me l'avez décrite ! » Un soulagement pour Jean qui sait que son expérience n'était pas un rêve... Plusieurs autres observations qu'il a effectuées seront également confirmées.

Mort Clinique et Hypothermie

Un autre cas est plus extraordinaire encore car c'est le seul à ce jour où la personne était en état de mort clinique contrôlée, puisqu'on l'avait volontairement plongée dans cet état afin de l'opérer d'un anévrysme géant à la base du cerveau. Il s'agit de l'Américaine Pamela Reynolds qui fut opérée en 1991 par le neurochirurgien Robert Spetzler à Phoenix en Arizona, et ce cas a été rapporté par le Dr Michael Sabom lors de l'enquête qui l'a convaincu de la réalité du phénomène, alors qu'il entendait au contraire démontrer que le livre de Raymond Moody était un tissu de balivernes. La technique retenue pour opérer Pamela Reynolds était rare et dangereuse car il s'agissait d'un arrêt cardiaque hypothermique, ou « opération Standstill ». Les médecins allaient faire chuter sa température corporelle si bas qu'elle serait comme morte, mais ils la ramèneraient ensuite à une température normale avant que des dommages irréversibles ne surviennent. Le cerveau refroidi peut survivre plus longtemps sans oxygène, bien qu'il ne puisse pas fonctionner dans ces conditions puisque tout échange de neurotransmetteurs est stoppé. Son cœur fut donc arrêté et ses ondes cérébrales enregistrées par l'EEG (électroencéphalogramme) s'aplatirent, puis sa température corporelle chuta à 15,5 °C (au lieu des 37 °C habituels). Quand tous les signes vitaux furent stoppés, le chirurgien commença à découper son crâne à l'aide d'une scie chirurgicale. Elle racontera ensuite qu'au même moment elle se sentit alors « s'extraire » de son corps et planer au-dessus de la table d'opération. Elle pouvait voir les médecins travailler sur son corps sans vie et elle observa : « Je trouvais que la façon dont ils avaient rasé mon crâne était très bizarre. Je m'attendais à ce qu'ils rasent l'ensemble des cheveux, mais ce n'était pas le cas. » Elle décrit ensuite avec une précision remarquable la scie utilisée pour ouvrir les boîtes crâniennes, qui ressemble à une brosse à dents électrique – ce qu'on ne peut guère imaginer – de même que la « boîte à outils » du chirurgien, qui lui avait fait penser à celle de son père avec ses tiroirs en étages. Elle fut également capable de décrire en détail les conversations de l'équipe médicale pendant l'intervention. Son expérience s'est poursuivie dans la lumière où elle a rencontré notamment un oncle décédé qui l'a incitée à retourner dans son corps, lui donnant même « l'impulsion » pour y retourner, et c'est alors qu'elle a eu la sensation de « plonger dans une piscine d'eau glacée ». Ce qui n'est pas surprenant au vu de la température à laquelle son corps était descendu. Ce cas est exceptionnel aux yeux des chercheurs parce qu'il est impossible qu'elle ait halluciné étant donné que son cerveau ne pouvait pas fonctionner du tout, ainsi que le démontre l'enregistrement des appareils de contrôle. Seule explication pour quelqu'un refusant d'envisager la possibilité que sa conscience se soit effectivement « séparée » de son corps, elle aurait reconstitué toute l'expérience à partir d'informations acquises avant et/ou après l'opération.

« VOUS SAVEZ OÙ SE TROUVE MON DENTIER ! »

Comme l'explique Pim van Lommel à propos d'un autre cas issu de sa propre étude : « Comment une conscience claire pourrait-elle être éprouvée, à l'extérieur du corps, au moment même où le cerveau cesse de fonctionner pendant une période de mort clinique, avec un EEG plat ? Un tel cerveau serait grossièrement dans la même situation qu'un ordinateur débranché, avec ses circuits enlevés. Il ne pourrait pas halluciner ; il ne pourrait rien faire du tout. » Le cardiologue néerlandais, comme nous l'avons mentionné plus haut, est aujourd'hui connu pour avoir publié l'étude prospective la plus complète à ce jour dans la revue médicale *The Lancet*, qui est une référence incontournable en médecine. Avant d'évoquer les conclusions de son étude, citons un autre témoignage spectaculaire de perception hors du corps, rapporté par une infirmière d'un des dix hôpitaux qui ont participé à ce travail de recherche exceptionnel : « Une nuit une ambulance amène à l'unité un patient cyanotique de 44 ans, dans le coma. Il vient d'être découvert inconscient trente minutes plus tôt dans une prairie. Au moment d'intuber le patient, il se trouve qu'il a un appareil dentaire. Je retire l'appareil et le place sur un chariot. Au bout d'une heure et demie, le patient a retrouvé un rythme cardiaque et une pression sanguine suffisants mais il est toujours ventilé et intubé, et toujours dans le coma. Il est transféré à l'unité de soins intensifs pour poursuivre la respiration artificielle. Après plus d'une semaine je rencontre de nouveau ce patient, qui est revenu en service de cardiologie. À l'instant où il me voit, il dit : "Oh, cette infirmière sait où se trouve mon dentier." Je suis très surprise, alors il ajoute : "Vous étiez là quand on m'a amené à l'hôpital et vous avez retiré mon appareil puis vous l'avez posé sur un chariot ; il y avait tous ces flacons dessus et un tiroir en dessous, et c'est là que vous avez posé mes dents." J'étais particulièrement étonnée car je me souviens que tout cela s'était produit alors que cet homme était dans un coma profond et en plein processus de réanimation. Il se trouve que l'homme s'était vu dans le lit, et avait perçu depuis un point élevé la façon dont les infirmières et les médecins s'étaient occupés de lui pendant la réanimation. Il a aussi été capable de décrire correctement et en détail la petite pièce dans laquelle il avait été réanimé, de même que l'apparence des personnes présentes comme moi. Il est très impressionné par l'expérience et affirme qu'il n'a plus peur de la mort. »

L'Arrêt Cardiaque comme Modèle

Dans le cadre de son étude, Pim van Lommel a « recruté » 344 patients, dans dix hôpitaux répartis à travers les Pays-Bas. Il raconte la genèse de son projet : « J'étais intrigué par ces expériences et j'ai commencé à demander à des patients de ma clinique qui avaient eu un arrêt cardiaque dans le passé s'ils pouvaient se souvenir de quelque chose. Et en deux ans, j'avais 12 patients sur 50 qui m'avaient raconté leur EMI. Ma curiosité scientifique a commencé à grandir car selon nos concepts scientifiques actuels, il n'est pas possible d'avoir une expérience consciente au cours d'une mort clinique pendant un arrêt cardiaque. C'est la raison pour laquelle nous avons commencé cette étude en 1988. » En utilisant l'échelle de Greyson (cf. annexe), Pim van Lommel réalise que 62 patients ont vécu une EMI (18 %), dont 41 ont vécu une EMI profonde ou très profonde (12 %). Pourquoi utiliser le modèle de l'arrêt cardiaque ? Parce que lors d'un arrêt cardiaque l'EEG devient plat en 10 à 20 secondes, et donc le cerveau n'est plus irrigué, ce qui est la situation la plus proche d'une « mort imminente ». Le médecin s'interroge : pourquoi trouve-t-on seulement 18 % d'EMI s'il s'agit d'un mécanisme physiologique qui se déclencherait automatiquement lorsque le cerveau souffre ? Si c'était une hallucination produite par un cerveau en souffrance, tous les patients de l'étude devraient avoir vécu cette expérience. Mais surtout, il souligne le paradoxe suivant : pourquoi les sujets font-ils l'expérience d'une conscience claire, lucide, incluant l'identité, les perceptions, la mémorisation, alors que le cerveau est mal irrigué et devrait, au mieux, fonctionner avec de grandes difficultés, produire un état mental confus. Quand l'EEG devient plat, il n'y a plus d'activité corticale (en surface), or le cortex est le siège des activités mentales supérieures, et même si les structures profondes du cerveau conservaient quelque activité, elles ne sauraient permettre cette lucidité, les perceptions ni la mémorisation. Pim van Lommel en conclut logiquement que « le dogme, qui n'a jamais été prouvé, selon lequel le cerveau produit la conscience, doit être discuté. »

Les « Cibles » au Plafond

Lors de sa présentation au colloque de Martigues en juin 2006, Pim van Lommel a eu droit à une ovation debout pendant plusieurs minutes de la part des 2000 participants, ce qui n'a pas manqué de l'émouvoir. Il prend le risque de bousculer les idées reçues parce qu'il est aujourd'hui retraité de ses fonctions hospitalières, mais surtout parce qu'il est convaincu que ces expériences peuvent faire évoluer les esprits : « La conclusion inévitable selon laquelle il y a bien continuité de la conscience – car elle peut être éprouvée indépendamment de l'activité cérébrale –, pourrait entraîner un profond changement dans le paradigme de la médecine occidentale, et pourrait avoir des implications sur les questions de pratique et d'éthique médicale. » Son jeune collègue britannique Sam Parnia lui a succédé à la tribune lors de cette journée historique, pour présenter lui aussi les résultats d'une étude basée sur le modèle de l'arrêt cardiaque, mais qui présentait la particularité de tester l'hypothèse de la « délocalisation de la conscience » à l'aide de cibles cachées au plafond dans l'hôpital ! Son étude a été publiée dans une revue réputée d'anesthésie-réanimation (*Resuscitation*, 2001) et le Dr Parnia se savait très attendu sur cette fameuse partie des « cibles cachées ». Il a raconté avec beaucoup d'humour comment ce protocole a pu être mis en place : il a fait croire que les panneaux qui pendaient du plafond, et sur lesquels se trouvait une image visible seulement du dessus, étaient en fait destinés à collecter la poussière dans le cadre d'une étude sur l'hygiène à l'hôpital. Malheureusement, aucun patient n'a perçu les cibles parmi ceux qui ont eu une EMI dans les premiers temps de l'étude. Puis celle-ci a dû être stoppée car une cadre infirmière a « vendu la mèche » sur la raison de la présence de ces panneaux, et l'information a fait le tour de l'hôpital en quelques heures alors que seuls quelques responsables étaient initialement au courant. Dès lors le protocole était faussé car les « curieux » pouvaient à tout moment, surtout la nuit, prendre une échelle pour voir quelle image se trouvait à quel endroit, et risquaient de divulguer l'information, ce qui ne permettait pas de garantir qu'une image perçue par un témoin n'aurait pas pu être connue au préalable.

Pour autant, le Dr Parnia n'a pas dit son dernier mot et teste depuis la fin 2007 un protocole semblable dans plusieurs hôpitaux afin de multiplier les chances d'obtenir au moins un cas de ce type. Dans son étude de 2001 réalisée avec le psychiatre Peter Fenwick, Sam Parnia a étudié un échantillon de 63 patients survivants d'un arrêt cardiaque, et constaté que 11 % d'entre eux avaient vécu une EMI, ce qui est plus faible que les 18 % de Pim van Lommel obtenus sur un échantillon plus vaste, mais reste cohérent avec les résultats d'une autre étude sur l'arrêt cardiaque, signée de Bruce Greyson, soit 10 % d'EMI sur un échantillon de 116 patients.

Vers la 4e puis la 5e dimension ?

Les cibles cachées sont effectivement une bonne idée pour valider l'hypothèse d'une indépendance de la conscience, avant d'envisager sa possible survie. Mais le protocole mis en place par Parnia, et testé aussi par d'autres comme Janice Holden aux États-Unis selon des modalités comparables, n'est peut-être pas la bonne approche. En effet, considérer que la conscience « sort » du corps est peut-être tout simplement une idée fausse. C'est en tout cas le point de vue défendu, avec force arguments, par le Dr Jean-Pierre Jourdan, qui recueille des témoignages d'EMI depuis près de 20 ans dans le cadre de IANDS-France. Il a entrepris d'examiner cet aspect en particulier, et il met l'accent dans ses articles sur le fait que les témoins ont des façons bien particulières de décrire leurs perceptions lorsqu'ils « pensent » se trouver hors de leur corps. Dans de très nombreux témoignages, on va en effet retrouver des formulations du type « j'étais partout à la fois », « je voyais dans toutes les directions en même temps », « je voyais depuis partout à la fois et selon tous les angles possibles », « je voyais à travers les objets », etc. Qu'est-ce à dire ? Comment comprendre ces descriptions apparemment absurdes, comme le souligne lui-même Jean-Pierre Jourdan. Ce dernier a fini par élaborer un « modèle » des perceptions hors du corps (que l'on continue d'appeler ainsi à défaut d'une meilleure terminologie) et il le décrit dans tous ses détails, schémas à l'appui, dans un ouvrage massif et fondamental, intitulé *Deadline – Dernière limite*. Le modèle en question est frappant de pertinence et d'élégante simplicité, ce qui est un critère essentiel d'une bonne théorie scientifique. Il se trouve que Jean-Pierre Jourdan a certainement mis le doigt sur une caractéristique majeure de l'expérience hors du corps, qui serait de se dérouler dans une 4e dimension spatiale. « Tout se passe comme si », explique-t-il, on montait dans une dimension supplémentaire, comme un être à deux dimensions qui s'élèverait dans la 3e dimension, en prenant de l'épaisseur. Selon ce nouvel axe, inexistant dans son monde à 2D qui n'est qu'une surface, l'être se met à voir tous les points de ladite surface en même temps. Dès lors il ne sait pas où il se trouve dans cette surface, puisqu'il ne s'y trouve plus, et il a donc l'impression d'être partout à la fois par rapport à son monde plat. De même, il voit « dans toutes les directions » à la fois, tout comme notre regard embrasse d'un seul coup l'image entière d'un tableau qui se trouve devant nous. Mais son attention peut aussi se focaliser sur un point de la surface et il a alors l'impression de « zoomer » à grande vitesse sur ce point, et donc de se déplacer instantanément vers ce point. Sauf qu'il ne se déplace pas, puisqu'il n'est plus dans la deuxième, mais dans la troisième dimension. Si un obstacle empêchait notre être à 2D de progresser sur sa surface, il a cette fois-ci l'impression de le « traverser », comme le témoin d'EMI « traverse » la matière…

Cette simple analogie permet donc de rendre compte de façon extrêmement précise des témoignages qui font état de ces composantes semble-t-il absurdes : passer à travers les murs, voir dans toutes les directions à la fois et depuis tous les endroits à la fois, voir en transparence, « zoomer » sur des parties d'un champ visuel qui semble illimité, se trouver à la fois partout et nulle part, etc. Il s'agit d'autant d'effets de perspective qui se comprennent lorsque l'on quitte son univers en 3D pour se déplacer et « s'élever » de plus en plus dans une 4e dimension spatiale. Mais celle-ci englobe également le temps, de sorte qu'il s'agit plutôt d'une « 5e dimension ». Restons en là pour ne pas compliquer les choses, et ajoutons que Jean-Pierre Jourdan n'est pas le seul à proposer cette hypothèse, puisque d'autres chercheurs, comme par exemple John Violette aux États-Unis, sont sur des pistes semblables et que l'idée de dimensions supplémentaires a été avancée de longue date pour rendre compte d'autres phénomènes comme les « apparitions » ou les observations d'ovnis.

Quoi qu'il en soit, Jean-Pierre Jourdan en tire des idées pour tester les perceptions dites « hors du corps », c'est-à-dire l'hypothèse d'une conscience non-locale, en proposant une approche un peu plus sophistiquée du protocole de Sam Parnia. Ainsi, on pourrait cacher des cibles dans des containers métalliques scellés, que les témoins parviendraient à voir par transparence. Mais encore faut-il que ces cibles attirent l'attention, qu'elles aient du sens, pour que les témoins les remarquent et s'en souviennent ensuite. Citons simplement cet extrait de *Deadline* pour avoir une idée de ce que Jourdan a, justement, « derrière la tête » : « L'hypothèse que la perception lors d'une EMI résultait d'une acquisition globale d'information et non d'une *vision* au sens propre du terme, laquelle impliquerait une interaction physique, nous permet d'envisager qu'un éclairage ne soit pas nécessaire à cette perception. Notre huissier pourrait donc simplement sceller des cibles graphiques connues de lui seul dans des enveloppes totalement opaques, elles aussi numérotées en aveugle de manière aléatoire, qu'il ne serait pas nécessaire de fixer près du plafond. Il faudra naturellement éviter d'utiliser des illustrations dont la présence dans un environnement technique et médical serait trop improbable, ce qui risquerait comme nous l'avons vu de dissuader les témoins d'en parler, et parallèlement éviter que leur présence soit trop banale pour attirer l'attention. Or il existe bien au moins un type de cible visuelle tout à fait susceptible d'attirer l'attention, relativement facile à mémoriser, que l'on peut trouver dans absolument n'importe quel environnement sans que cela soit décalé, choquant ou aberrant, et que personne ne prendra donc pour une perception hallucinatoire. Je n'en parlerai bien entendu, le moment venu, qu'à l'huissier qui voudra bien nous prêter son concours... » Pour les dubitatifs, il ajoute ce point crucial : « Le fait de durcir le test de Parnia et Fenwick voit donc ses chances de succès très diminuées, mais avec une compensation de taille : un seul témoignage précis serait une preuve irréfutable. »

L'EMI : UN « VIRUS BÉNIN »

La preuve, toujours la preuve… Que cela ne nous empêche pas de nous imprégner de tout ce que l'EMI peut nous apporter, même si nous ne l'avons pas vécue nous-mêmes. Il n'est d'ailleurs point besoin de frôler la mort, puisque les témoignages abondent ces dernières années d'expériences en tous points semblables, mais survenues au cours d'une simple rêverie, en observant la nature, ou même en faisant l'amour… Kenneth Ring avait tort de penser à une certaine époque que les EMI allaient bouleverser rapidement notre vision du monde, mais il a raison désormais d'y voir plutôt un virus bénin, qui « contamine » de proche en proche un nombre croissant de nos contemporains. Pour beaucoup, l'enjeu reste la question de la vie après la mort ; une question qui ne peut être tranchée par la science, nous rappelle Raymond Moody, car elle relève de la métaphysique, de la philosophie. Il n'est certes pas interdit de se forger des convictions en ce domaine, mais ce dont nous parle l'EMI avant tout, c'est de la vie, de la nature de la conscience, de ce qui fonde et conditionne nos existences ici et maintenant. Les témoins d'EMI sont revenus en ayant compris que nos existences sont bien plus vastes que ce qu'elles semblent être. Qu'il existe une « énergie » qui nous lie les uns aux autres, à toutes choses dans la nature, et aussi à l'univers tout entier. On peut l'appeler Dieu si on le souhaite, mais il faut bien voir que si les religions se montrent aussi discrètes sur ces phénomènes, c'est parce qu'elles savent bien qu'elles ont quelque chose à y perdre : leur singularité, leur « idiosyncrasie », et donc probablement leur pouvoir et leur influence. Elles sont des interprétations culturelles, contextuelles, de l'idée d'absolu, mais n'ont qu'une valeur relative, et l'on voit bien que leur prétention à discourir aujourd'hui de « la vérité » pose bien plus de problèmes qu'elle n'en résout. Nombreux sont ceux qui sentent le besoin de retrouver une certaine universalité de notre rapport au sacré, à la transcendance, quitte à se reconnaître en effet dans une religion d'un point de vue culturel, comme on a une « nationalité » tout en étant d'abord et avant tout un habitant de la planète Terre, et ce qu'on le veuille ou non.

En dépit d'un prétendu « retour du religieux », la raison n'a pas dit son dernier mot. La science et la philosophie ne sont en rien incompatibles avec la spiritualité, et l'étude des EMI ne procède pas d'un obscurantisme ni d'un ré-enchantement du monde. Ces phénomènes restent aujourd'hui inexpliqués parce que notre vision du monde est loin d'être achevée. Ces recherches et ces réflexions doivent se situer résolument dans le camp du progrès. La physique est aujourd'hui en plein bouillonnement, sinon en pleine crise, et il ne faut pas douter qu'il en sortira une conception de la réalité plus juste, plus proche de « la vérité ». Que nous ne puissions approcher celle-ci que de façon asymptotique, sans jamais l'atteindre, ne doit pas être un problème. Restons humblement à notre place d'êtres humains. Mais tâchons d'être humains aussi pleinement que possible, et sans nous imposer de limites.

Le Colloque de Martigues

Les EMI sont porteuses d'un sens que de soi-disant scientifiques ont longtemps tenté de minorer en les réduisant à des hallucinations, à des psychoses dissociatives, à l'expression de mythomanies, à des micro-réveils, à des revécus de la naissance, à l'anoxie (manque d'oxygène), à l'hypercapnie (excès de gaz carbonique), à l'épilepsie, ou encore à un cocktail de neuromédiateurs endorphiniques, enképhalinergiques, etc., etc. Ces gens-là sont les mêmes que ceux qui expliquaient doctement dans la pièce de Molière que

« l'opium fait dormir… en raison de sa vertu dormitive ». Niant le sens profond et le pouvoir de transformation des EMI, ils manifestaient par là même leur mépris des témoignages, et plus encore des témoins. Cette époque est révolue, même s'ils sont encore quelques-uns à vouloir à tout prix décrire ces expériences dans le cadre matérialiste actuel, alors que tout laisse à penser qu'il n'est plus adapté, non seulement aux EMI, mais aussi à bien d'autres observations scientifiques.

Aujourd'hui de nombreux médecins racontent eux-mêmes leur EMI, et des expériences tout aussi ébouriffantes qu'ils n'auraient pas osé évoquer quelques années plus tôt. Ils prennent leurs responsabilités et le relais des millions de témoins dans le monde. Cette évolution a été marquée lors de la journée du 17 juin 2006 à Martigues où plusieurs médecins et scientifiques qui s'intéressent aux EMI depuis des années, et pas depuis dix minutes, sont venus présenter leurs réflexions, leurs travaux et dire leurs convictions devant plus de 2000 personnes. Il s'agissait du plus large public au monde jamais réuni pour une telle manifestation. Se trouvaient là Raymond Moody, Pim van Lommel, Sam Parnia, Sylvie Déthiollaz, Mario Beauregard et les Français Evelyne-Sarah Mercier, Jean-Pierre Jourdan, Jean-Jacques Charbonier, avec les témoignages de Nicole Dron, Jean Morzelle et Dominique Bromberger. L'initiative et l'organisation de cette journée reviennent à une jeune femme convaincue elle aussi du pouvoir de transformation de ces vécus, Sonia Barkallah, journaliste et documentariste de 28 ans à l'époque. Les chercheurs présents ont signé un communiqué dans lequel ils affirment leur conviction que l'EMI n'est pas une hallucination, et qu'il faut poursuivre la recherche sans a priori ni préjugés, en particulier au plan spirituel.

On l'a dit, l'EMI n'est pas la preuve de quoi que ce soit, mais elle a beaucoup de choses à nous dire. La recherche continue, les pistes de réflexion sont nombreuses pour les scientifiques qui ne sont pas eux-mêmes enfermés dans des dogmes et des doctrines. Les neurosciences, la physique quantique, les mathématiques aussi, nous préparent actuellement une révolution scientifique à laquelle bien sûr d'autres disciplines contribueront également. Mais n'oublions pas les sciences humaines, la philosophie, la métaphysique. Raison et spiritualité se nourrissent et s'enrichissent mutuellement. Quand allons-nous réaliser la « soudure épistémologique » entre nature et culture, recommandée par Edgar Morin de longue date ? « Il faut cesser de disjoindre nature et culture: la clé de la culture est dans notre nature et la clé de notre nature est dans la culture», écrivait-il en 1973 dans *Le Paradigme Perdu: la nature humaine*. Nous avons depuis réalisé que notre comportement de consommation effrénée est en effet «contre La nature», aujourd'hui pillée et gravement fragilisée. La prochaine étape doit entraîner une prise de conscience de nos autres comportements «contre-nature», c'est-à-dire ceux qui vont à l'encontre de notre propre nature humaine. Les EMI nous aident à avancer sur ce chemin, et ce n'est certainement pas un hasard si notre époque voit ces témoignages se multiplier.

ANNEXES

Échelle d'évaluation clinique de GREYSON

Questions	Réponses	Nbre de points
1. Le temps vous semblait-il s'écouler plus rapidement ?	- Non	0
	- Temps plus rapide qu'habituellement	1
	- Tout semblait instantané, le temps était stoppé	2
2. Pensiez-vous plus rapidement ?	- Non	0
	- Plus rapidement que d'habitude	1
	- Incroyablement plus vite	2
3. Avez-vous revu des scènes de votre passé ?	- Non	0
	- Je me suis rappelé de plusieurs scènes	1
	- J'ai revu des scènes de mon passé sans les contrôler	2
4. Vous a-t-il semblé tout comprendre ?	- Non	0
	- À propos de moi et tous les autres	1
	- À propos surtout de l'univers	2
5. Avez-vous ressenti un sentiment de paix ou était-ce plaisant ?	- Non	0
	- De calme	1
	- Une paix, un bonheur incroyable	2
6. Avez-vous ressenti un sentiment de joie ?	- Non	0
	- Heureux	1
	- Une joie incroyable	2

Questions	Réponses	Nbre de points
7. Avez-vous ressenti un sentiment d'harmonie ou d'unité avec l'univers?	- Non	0
	- Plus de conflit avec la nature	1
	- Unité, faire « un » avec le monde	2
8. Vous êtes-vous senti entouré ou avez-vous vu une lumière brillante?	- Non	0
	- Inhabituellement brillante	1
	- Lumière surnaturelle ou mystique	2
9. Vos sens étaient-ils plus vifs qu'habituellement?	- Non	0
	- Plus que d'habitude	1
	- Incroyablement plus	2
10. Vous a-t-il semblé être conscient d'événements se produisant ailleurs comme par une perception extrasensorielle?	- Non	0
	- Oui, mais les faits n'ont pas été actuellement vérifiés	1
	- Oui, et les faits ont plus tard été vérifiés	2
11. Avez-vous vu des scènes du futur?	- Non	0
	- De mon futur	1
	- De l'avenir du monde	2
12. Vous êtes-vous senti séparé de votre corps physique?	- Non	0
	- J'ai perdu conscience de mon corps physique	1
	- J'ai clairement quitté mon corps et existé à l'extérieur de lui	2
13. Avez-vous eu l'impression de pénétrer dans d'autres mondes surnaturels?	- Non	0
	- Des endroits non familiers ou étrangers	1
	- Clairement mystique ou surnaturel	2
14. Avez-vous eu l'impression de rencontrer une présence mystique ou un être mystique?	- Non	0
	- Une voix inidentifiable	1
	- Une voix ou un être défini comme clairement mystique ou surnaturel	2

Questions	Réponses	Nbre de points
15. Avez-vous vu des esprits de personnes décédées ou de personnages religieux ?	- Non	0
	- J'ai senti leur présence	1
	- Je les ai vus	2
16. Avez-vous eu l'impression d'arriver à une frontière ou à un point de non-retour ?	- Non	0
	- J'ai pris la décision consciente de retourner à la vie	1
	- Il y avait une barrière que je n'étais pas autorisé à franchir, ou, je me suis senti retourner à la vie involontairement.	2

Modèle standard de l'EMI à partir des observations du Dr Raymond Moody

1 – Perte de conscience et perception de sa propre mort

2 – Disparition de la douleur et sensation de paix

3 – Éléments sonores (bourdonnements, carillonnements, sifflements…)

4 – Décorporation ou phénomène autoscopique

5 – Parcours dans un lieu sombre

6 – Rencontre avec des guides ou des défunts

7 – Perception de la lumière

8 – Fusion dans la lumière et Amour inconditionnel

9 – Panorama de la vie et évaluation des actions

10 – Frontière et retour dans le corps

11 – Changements objectifs de la personnalité, des valeurs et croyances

Bibliographie

Eersel Van, Patrice, *La Source noire*, Grasset, 1986.

Elsaesser-Valarino Evelyne, *D'une vie à l'autre, des scientifiques explorent le phénomène des expériences de mort imminente,* Dervy, 1998.

Jourdan Jean-Pierre. *Deadline, dernière limite*, Les 3 Orangers, 2007.

Kübler-Ross Elisabeth, *Mémoires de vie, mémoires d'éternité*, JC Lattès, 1998.

Maurer Daniel, *Les Expériences de Mort Imminente*, Le Rocher, 2005.

Mercier Evelyne-Sarah, *Le Voyage interdit*, Belfond, 1995

Morzelle Jean, *Tout commence après*, CLC, 2007.

Moody Raymond, *La Vie après la vie*, Robert Laffont, 1977

Vermeulen Danielle, *NDE et expériences mystiques d'hier et d'aujourd'hui,* Le Temps Présent, 2007.

L'Expérience de Mort Imminente, Première Rencontres Internationales, Actes du Colloque, éd. S17 Productions, 2007.

TABLE DES MATIÈRES

conception
réalisation
mise en page
pca
44405 Rezé cedex

IMPRIM'VERT

Imprimé en France par EMD S.A.S.
53110 Lassay-les-Châteaux
N° d'imprimeur : 23415 - Dépôt légal : Mai 2008